2025
대한민국
인게이지먼트
트렌드

송해덕
홍아정
김연경
조윤성
박진서
황수정

차례

저자 서문

오늘 아침, 눈뜨자마자 일하러 가고 싶은가요? 많은 직장인들이 월요병으로 고생하고 있습니다. 죽음보다 싫은 게 월요병이라는 말이 있을 정도니까요. 조직성과 창출의 핵심 요인은 바로 사람이라는 점에서 구성원들이 가기 싫어하는 회사가 잘될 리가 없습니다. 실제로 갤럽의 조사에 의하면 직원들이 자신의 직무에 몰입하는 비율은 전 세계적으로 평균 23%에 그치고 있다고 합니다. 더욱 우려되는 점은 한국 직장인의 몰입 정도는 전 세계 평균에 한참 못 미치는 12%에 불과하다고 합니다.

이러한 수치를 보면서 문득 드는 생각 한 가지는 '언제부터 우리나라 기업구성원들이 이렇게 자신의 직무에 몰입하지 못하고 있는가'였습니다. '한강의 기적'이라는 말처럼 우리나라는 최근 50년간 고도성장기를 거쳐왔고, 이 과정에서의 핵심은 바로 열심히 집중적으로 또 함께 해나간다는 것이었습니다. 이러한 단어들을 관통하는 단어는 바로 몰입 engagement에 있는데 왜 우리 직장인들의 몰입수준은 낮을까? 정말 대한민국 직장인들의 몰입수준은 낮을까? 이러한 문제의식을 갖고 우리는 한국인만이 가진 고유한 몰입이 무엇인지를 찾아보았습니다. 그 결과 우리나라 직장인들의 몰입은 성과를 창출하는 데 초점을 두고 있고 여기에는 우리가 원팀이라는 동료들 간의 긍정적 관계가 핵심이라는 것을 발견했습니다. 한국인 특유의 몰입 요인을 찾아낸 이후로 우리에게 남은 것은 이를 진단할 수 있는 진단도구를 개발하고, 우리나라 직장인들의 몰입이 어느 정도 수준인지를 확인해 보는 일이었습니다.

본 저서는 중앙대학교 휴먼인게이지먼트 연구소에서 구축한 한국형 몰입패널을 통해 진단한 국내 기업 직원의 몰입수준을 축약한 것입니다. 1장은 최근 많은 관심을 받고 있는 몰입 중에서 왜 직원몰입이 중요한지, 또 한국적 맥락에서 몰입을 살펴보는 것이 왜 중요한지에 대한 배경을 담았습니다.

2장은 한국형 몰입패널을 통해 진단한 국내 기업 구성원의 몰입지형을 보고하고 있습니다. 한국 직장인의 직원몰입은 성과중심몰입과 관계중심몰입의 두 가지 차원으로 구성되는데, 측정결과 각기 3.75점으로 약 70%를 상회하고 있습니다. 갤럽에서 조사한 결과와는 차이가 있는 대목입니다. 바로 여기에 우리가 대한민국 직장인의 몰입을 독자적으로 조사한 이유가 있습니다. 우리나라 기업 구성원들은 자신의 직무에, 자신이 소속한 직장에, 또 직장에서 함께 일하는 동료, 상사들과 긍정적 관계를 형성하여 일하고 있음을 확인할 수 있었습니다. 몰입의 수준을 세대별, 직군별, 고용형태별, 산업군별, 직무유형별 등 세부적으로 조사하여 오늘날 우리나라 직장인들의 몰입 현황을 한눈에 파악할 수 있습니다.

3장은 직장에서 몰입이 가져오는 다양한 효과들에 대한 경험적 데이터를 보고하고 있습니다. 몰입의 성과는 자신의 일에 집중하면서 혁신적인 사고로 이어져 직무성과를 높이는 데 기여합니다. 또한 자신의 직무나 직장에 몰입하는 직원은 행복하고 자신의 직장에 계속적으로 헌신하려는 행동특성을 보입니다.

4장은 기업에서 직원몰입 지원을 위한 구체적 전략들을 담고 있습니다.

5장은 직원몰입을 위해 구성원 스스로 주력해야 할 사항들을 기술하고 있습니다. 직원몰입의 핵심은 주도성입니다.

본 저서는 오늘 대한민국 기업 구성원들의 직원몰입이 어떤지를 보여주는 귀중한 자료입니다. 통계적 결과들을 가능한 쉽게 담으려고 하었으나 그렇지 못한 부분들이 있다면 이는 저자들의 한계입니다. HEI 연구소는 앞으로 직원몰입 조사를 격년주기로 지속적으로 실시하여 우리나라 직장인들의 몰입수준의 변화양상을 추적하고자 합니다. 이는 우리나라 직장인들이 보다 행복하게 자신의 일에 집중할 수 있는 자료를 제공하기 위함입니다. 본 저서를 출간하는 데 도움을 아끼지 않은 박영사의 안상준 대표님과 박영스토리의 노현 대표님께 감사의 말씀을 전합니다.

2025.
저자를 대표하여
송해덕

CHAPTER 01

성공의 DNA, 직원몰입에 주목하다

01 알쓸몰입, 알고 있으면 쓸데 많은 몰입 이야기

"홍길동가명씨는 자신의 일을 사랑한다. 자기가 맡은 일을 하면서 자신 스스로가 발진하는 느낌늘 받는다. 때로는 바쁜 일에 완전히 몰두하기는 하지만 좀처럼 피곤하거나 지친다는 생각은 들지 않는다. 가끔은 일을 하면서 난관에 부딪치지만, 그럴 때마다 그는 일에 대한 집요함과 끈기를 보인다. '일은 재미있다!' 이것이 일을 대한 홍길동씨의 모토이다". 직원몰입Employee engagement과 관련하여 저명한 석학이자 네덜란드 에라스무스 대학Erasmus University Rotterdam 직업 및 조직심리학과 교수인 아놀드 B. 베이커Arnold B. Bakker가 몰입 수준이 높은 직원을 묘사한 글이다. 얼마 전까지만 해도 소울리스Soulless라는 말이 유행이었다. 영혼 없어 보이지만 할 일을 해내는 직장인의 모습이 큰 공감을 얻으면서 사회현상으로까지 번지기도 하였다. 일상생활에서 '영혼 없는 리액션', '영혼 없는 칭찬'과 같이 진심이 담기지 않는 모습이나 행동을 표현하는 말도 자주 쓰이곤 한다. 직장으로 시선을 돌려보자. 자신이 맡은 일에 주인의식을 갖고 최선을 다해 노력하는 직원이 있는 반면, '마지못해', '시키기 때문에' 일을 하는 직원도 어렵지 않게 볼 수 있다. 두 직원의 차이는 무엇일까? 바로 몰입의 유무이다.

몰입이란 무엇인가? 보통은 몰입을 생각하였을 때 떠오르는 것은 고도로 집중하거나 어떤 것에 대해 몰두하는 장면일 것이다. 실제로 몰입이라는 단어의 뜻을 검색해보면 '주위의 모든 잡념, 방해물을 차단하고 원하는 한곳에 자신의 모든 정신을 집중하는 일'이라는 내용의 결과가 도출된다. Chat GPT에게 몰입을 설명해 달라고 하였더니 "어떤 활동에 깊이 빠져서 시간과 외부 환경을 잊고 몰두하는 상태"라는 답변이 돌아왔다. 맞는 설명일까? 사실 이 경우에서 말하는 몰입은 "플로우Flow"로 표현되는 상태와 더 가깝다. 이 책에서 우리는 일을 하며 부딪히는 몰입engagement을 이야기하고자 한다. 우리가 말하려는 몰입engagement은 방금 말한 플로우flow의 개념을 포함하기는 하지만 좀 더 광범위하고 포괄적인 개념이다. 더 이해하기 쉽게 몰입engagement의 어원을 살펴보자. Engagement라는 단어는 프랑스어 앙가주망engagement에서 비롯되었다. 앙가주망은 내가 속한 집단이나 사회에 관심을 갖고 "주체적으로 관여"하는 행위를 뜻한다. 이 앙가주망을 직장의 장면으로 가져온다면, 직장에서 직원들이 몰입한다는 것은 자신이 맡은 일, 자신이 속한 부서에서 다른 동료들과의 관계 그리고 조직에 대한 관심과 발전을 위해 주체적으로 참여하는 것을 뜻한다. 영어로 구분하여 표현된 flow와 engagement가 우리나라 말로는 "몰입"으로 번역되어 서로 교체되어 사용하다 보니 engagement 혼란이 생기기 쉽다. 플로우flow는 우리가 꼭 일을 하지 않아도 다양한 상황에서 경험할 수 있다. 공부하다가 시계를 보면 시간이 훌쩍 지나가 있다든가, 무언가 골똘히 집중하다가 친구가 불러도 제대로 듣지 못하고 핀잔을 듣는 상황이 그것이겠다. 그러나 몰입engagement, 더 정확히는 이 책에서 공통적으로 말하고 있는 개념인 직원몰입Employee engagement은 일을 하면서 경험하는 것과 더 관련이 깊다.

일 상황에서 몰입이라는 단어를 사용한 학자는 미국 보스턴 대학Boston

University 경영 및 조직학 교수인 윌리엄 A. 칸William A. Kahn이다. Kahn은 서인도 제도에서 여름캠프를 운영하는 카운슬러 그리고 미국의 건축회사 직원 등을 대상으로 그들이 일하는 모습과 일을 수행하면서 겪는 다양한 심리적 경험에 대해 인터뷰를 진행하였다. 연구결과, 사람들은 때때로 "지금 하고 있는 일에 주의를 기울이고, 진정성을 갖고 일에 참여하는 현상"을 보였으며, Kahn은 이를 "몰입engagement"이라는 단어로 표현하였다. "맡은 역할을 수행하는 데 있어 신세적인 에너지와 정신적인 애정이나 열정 그리고 인지적인 능력을 기꺼이 쓰려고 노력"하는 것이 몰입의 대표적인 증거라고 Kahn은 말한다.

그렇다면 오늘날 직장인 중 어느 정도가 몰입을 하고 있을까? 이와 관련하여 국제여론 조사기관 갤럽은 전 세계 160개국 12만여 명의 직원을 대상으로 직원몰입을 진단하고 정리한 보고서인 Stage of the Global Workplace를 매년 발간하고 있다. 가장 최근에 발간된 보고서인 2024 Report를 보면, 설문조사 응답자의 약 23%가 현재 자신의 일과 조직에 몰입하고 있는 것으로 나타났다. 그렇다면 나머지는 어떨까? 갤럽은 몰입하지 않는 상태를 탈몰입Disengagement으로 표현하는데, 그 수준에 따라 '조용한 사직Quiet quitting, 실제로 사표를 내고 조직을 떠나는 것은 아니지만, 언제든지 직장을 떠날 수 있다는 마음으로 업무를 수행하는 것을 의미', 더 심각한 경우는 '요란한 사직Loud quitting, 사직을 고려하는 직원이 자신이 속한 조직과 업무에 적극적으로 불만을 갖고 이를 행동으로 표출하는 것을 의미'으로 구분한다. 조사 결과에서 전체 응답자의 62%가 조용한 사직, 특히 15%는 요란한 사직 상태에 있는 것으로 나타나면서, 갤럽은 오늘날 '전 세계 직원의 대부분이 그야말로 조용한 사직 중'이라고 진단한 바 있다. 슬픈 대목은 대한민국의 경우 전 세계 평균의 절반에 못 미치는 단 13%만의 직원이 가까스로 몰입하고 있다는 점이다. 치열한 경쟁 속에서 우리 기업 직원들이 일에 몰입하지 못하고 있다면 그것을 어떻게 봐야 할까? 이 대답을 얻기 위해서 우리는 먼저 "왜 직원몰입에 주목해야 하는지" 알아야 한다.

02 나와 우리 기업을 성공시키는 비밀, 바로 직원몰입

오늘날 기업 가치 1순위 자리를 지키고 있는 기업 마이크로소프트, 빅테크 기업 가운데서도 눈부신 파죽지세의 성장을 이루면서 최근에는 애플을 제치고 전 세계에서 두 번째로 기업가치가 높은 회사로 우뚝 선 엔비디아, 세계에서 가장 성공한 소프트웨어 기업으로 알려진 어도비, 이들의 공통점은 무엇일까? 인공지능AI 기술을 바탕으로 성장을 달성하고 있는 기업들이라는 점 외에도 또 다른 공통점을 꼽으라면 바로 직원몰입employee engagement의 진단과 관리에 진심인 대표적인 기업이라는 점이다. '2023 삼성 신경영 30주년 기념 국제 학술대회'에서 기조연설자로 나선 로저 마틴Roger L. Martin 토론토대 경영대학원Rotman School of Management, University of Toronto 명예교수는 향후 삼성의 새로운 미래 전략의 핵심을 직원몰입으로 주창한 바 있다. 기업에서 직원들의 몰입이 곧 기업의 비즈니스적 성과에 직결된다는 점은 이미 수많은 연구와 조사 결과를 통해 입증됐다. 몇 가지 사례를 살펴보자. 먼저 갤럽이 전 세계 96개국, 54개 산업, 270만 명의 자료를 바탕으로 한 분석 결과를 살펴보면, 직원몰입 수준이 높은 조직은 그렇지 않은 조직보다 고객충성도 10%, 수익성 23%, 생산성 18%, 직원웰빙 70%, 조직시민성 22% 등이 더 높았으며, 반대로 이직률 21%, 결근율 78%, 도난손실 28%, 안전사고 63%, 품질결함 32% 등의 감소를 보였다. IBM은 직원몰입지수Employee Engagement Index, EEI를 개발하여 직원몰입 수준이 높은 기업과 낮은 조직의 성과를 분석하였다. 자세히 살펴보면 직원몰입 수준이 높은 조직은 그렇지 않은 조직부다 고객만족도, 희석주당이익Diluted earnings per share, 주주수익률Shareholder return, 총자산순이익률Return on assets 등이 더 높은 것으로 밝혀졌다.

직원몰입이 훌륭한 점은 단지 기업의 성공뿐 아니라 직원 개인 자신들에게도 매우 유용하다는 점이다. 이미 수많은 실증연구를 통해 직원몰입에 관한 다양한 긍정적 효과가 밝혀지고 있지만 본서에서는 그중에서 몇 가지 대표적인 직원몰입 효과를 소개하고자 한다.

첫째, 당연하게도 몰입 수준이 높은 직원은 자신이 맡은 업무에 높은 성과를 기대할 수 있다. 몰입 수준이 높은 직원은 업무를 나의 일이라는 애정을 보이며, 주도성을 가지고 업무에 임하려는 특성을 보인다. 세계적인 컨설팅 기업인 Towers Perrin의 조사에 따르면 몰입도가 높은 직원들은 제품의 품질과 고객만족도 그리고 기업의 수익성 등에 자신이 능동적으로 기여할 수 있다고 확신하였다. 반면 몰입도가 낮은 직원들은 회사에 자신이 기여한다고 생각하는 비중이 훨씬 적었다. 즉, 몰입하는 직원은 자신의 업무에 대한 확신과 주도성을 바탕으로 작업에 집중하고 효율적으로 성과를 추구하고자 노력하면서 남들보다 뛰어난 성과를 보이게 된다.

둘째, 상사나 동료들과의 관계성이 강화된다. "혼자서만 일을 하려 합니다. 그러다 보니 주위 동료들과 트러블이 많고 부정적인 분위기를 만드는 경향이 있습니다." 필자가 한국 모 대기업 임원분을 대상으로 '몰입하지 못한 직원이 보이는 대표적인 모습'을 질문한 것에 대한 대답이었다. 직원몰입에 관해 연구하다 보면 자주 언급되는 것이 바로 전이이론spill over theory이다. 쉽게 말하면 자신의 일에 전념하고 헌신하는 몰입형 직원은 자신의 긍정적인 태도와 열정을 주변에 전파하여 동료들에게까지 동기부여와 긍정적인 업무태도를 향상시킬 수 있다는 것이다. 다수의 연구를 통해서 밝혀진 바에 따르면 몰입하는 직원이 보이는 대표적인 행동적인 특성 중의 하나가 친사회적 행동pro-social behavior이었다. 친사회적 행동이란 말 그대로 대가를 바라지 않고 타인에게 관심을 갖고 긍정적인 태도를 가지며 도움을 주는 것을 말한다. 몰입하는 직원은 기꺼이 동료를 지원하고자 하고 신뢰가 두터운 관계를 만드는 데 노력한다.

셋째, 자신의 창의성과 혁신성이 증대된다. 창의성 연구의 석학인 미국 하버드대 경영대학원Harvard Business School 교수 테레사 M. 아마빌레Teresa M. Amabile와 동기부여/생산성 분야 전문가인 브랜다이스대학교Brandeis University 심리학 교수인 스티븐 크레이머Steven Kramer의 연구를 보자. 이들은 3개 산업군, 7개 기업에 소속된 임직원 238명에게 매일 일과가 끝난 후 자신의 생각과 감정, 동기부여 상태 등을 기록하고 제출토록 했다. 이렇게 모은 약 1만 2천여 건의 기록을 심층 분석한 결과, 직원이 긍정적인 마음 상태로 몰입하는 것이 창의적인 성과와 연관이 있음을 발견하였다. 펜실베이니아 대학교University of Pennsylvania 바바라 프레드릭슨Barbara Fredrickson 교수가 주창한 확장구축이론The broaden and build theory에 따르면, 몰입하는 직원은 그렇지 않은 직원보다 긍정적인 감정과 정서를 많이 갖게 되는데 이렇게 긍정적인 정서를 갖게 되는 것이 그들의 생각이나 행동의 레퍼토리를 넓어지게 하며 좀 더 창의적이고 혁신적인 생각과 행동을 이끌어내게 된다.

넷째, 자신의 정신적 그리고 신체적인 건강이 좋아진다. 직원몰입을 주로 연구하고 있는 학문분야는 놀랍게도 직업건강심리학직장에서 구성원의 신체적, 심리적 건강과 웰빙 등에 관한 전반적인 분야를 다루는 심리학 분야이다. 직원몰입이 직원 개인들의 신체적 건강과 정신적 건강 그리고 웰빙에 매우 중요한 핵심 요인이라는 것이 밝혀지면서 직원몰입에 대한 연구와 관심이 폭발적으로 증가하고 있다. 예를 들어 헬싱키 대학교University of Helsinki 사회심리학 교수인 야리 J. 하카넨Jari J. Hakanen과 네덜란드 위트레흐트 대학교Utrecht University의 직업 및 조직심리학 명예교수인 윌마르 B. 샤우펠리Wilmar B. Schaufeli가 3,225명을 대상으로 7년간 추적관찰을 진행한 연구에서는 직원몰입이 우울증을 낮추고 반대로 삶의 만족을 높인다는 결과를 밝히기도 했다. 이 밖에도 직원몰입은 해당 근로자의 심혈관 건강, 신경계 건강, 수면의 질과 같은 신체적, 정신적 건강과 관련된 다양한 요소에 긍정적인 영향을 미친다는 결과가 제시되면서 결국 자신의 일과 기업에 몰입하는 직원은 그렇지 않은 직원보다 더욱 건강한 상태를 유지할 수 있음을 알게 되었다.

03 직원몰입, 진단해야 관리할 수 있다

"측정할 수 없으면 관리할 수 없고, 관리할 수 없으면 개선할 수 없다." 현대 경영학의 아버지로 불리는 피터 드러커Peter Drucker는 특정 문제를 해결하고 관리하기 위한 측정과 진단을 강조하는 취지로서 위와 같이 주장한 바 있다. 직원몰입에 관한 석학 중 하나인 토론토대학University of Toronto의 앨런 삭스Alan Saks 교수는 오늘날 직원몰입이 전 세계 곳곳에서 연구가 되고 특히 기업 현장에서도 큰 관심을 받아오고 있음에도, 현장에 적용하기 어려운 장벽 중 하나가 바로 직원몰입 진단에 있다고 주장하였다. 그는 기존에 개발된 직원몰입 진단도구가 문항이 불균형적으로 구성되어 있거나 타당하지 않는 것으로 지적하고 있다. 그렇다면 기업에서 직원몰입을 진단하기 위한 도구들에는 어떤 것들이 있을까?

먼저 IBM의 직원몰입지수Employee Engagement Index, EEI가 있다. 해당 지수는 회사에 대한 자부심, 옹호 수준, 재직 의향, 만족도를 묻는 총 4개의 문항으로 구성되어 있다.

직원몰입지수	
자부심	☑ 나는 이 회사에서 일하는 것을 자랑스럽게 생각한다.
옹호	☑ 나는 이 회사를 일하기 좋은 곳으로 추천하고 싶다.
재직 의향	☑ 나는 다른 회사에서 새로운 일자리를 구할 생각을 거의 하지 않는다.
만족도	☑ 전반적으로 이 회사가 일할 수 있는 곳으로서 매우 만족한다.

[표 1] IBM社의 직원몰입 진단문항 예시

미국 네트워크 통신회사인 시스코에서는 목적, 기회, 지지, 미래성장과 같은 네 가지 차원으로 구성된 몰입 진단도구를 사용한다. 특이한 점은 개인 차원의 몰입뿐 아니라 자신이 속한 팀/부서 차원의 몰입을 함께 진단한다는 것이다.

	WE	ME
목적	1. 나는 우리 회사의 사명에 대해 정말 열정적이다(목적)	2. 직장에서 나에게 기대하는 것이 무엇인지 분명히 이해한다(조정)
기회	3. 우리 팀에는 나와 가치관을 공유하는 사람들이 많이 있다 (우수성에 대한 이해 공유)	4. 직장에서 매일 나의 강점을 활용할 기회가 있다 (강점 활용)
지지	5. 내 팀원들이 든든하게 나를 지원한다 (안전)	6. 내가 훌륭한 일을 한 것으로 인정받을 것이라는 것을 알고 있다 (관심과 인정)
미래성장	7. 나는 우리 회사의 미래에 대해 큰 확신을 가지고 있다 (소통&리더십 자신감)	8. 일을 하면서 항상 성장하라는 도전을 받는다 (도전 및 성장 지원)

[표 2] 시스코社의 직원몰입 진단문항 예시

아마도 전 세계적으로 기업에서 직원들의 몰입을 진단하는 데 가장 많이 사용하는 진단도구는 갤럽의 Q12일 것이다. 해당 진단도구는 기본욕구 충족과 리더십, 팀워크 그리고 성장기회에 대한 질문이 포함된다. 지금 현재도 전 세계 160개국 128,278명의 직원을 대상으로 해당 진단도구를 통해 매년 직원몰입 수준을 진단하고 그 결과를 제공하고 있다.

구분	문항
기본욕구	✓ 나는 회사에서 내게 무엇을 기대하는지 알고 있다. ✓ 나는 업무에 필요한 재료와 장비를 가지고 있다.
리더십	✓ 회사에서 능력을 충분히 펼칠 기회가 자주 있다. ✓ 지난 일주일간, 업무성과에 대한 연장이나 칭찬을 받았다. ✓ 나는 진심으로 배려하는 누군가가 있다. ✓ 나의 발전을 후원하는 사람이 있다.
팀워크	✓ 내 의견이 비중 있게 반영된다. ✓ 회사의 목적이 내 업무의 가치를 높여준다. ✓ 내 동료나 동료 직원은 양질의 업무를 수행하기 위해 최선을 다한다. ✓ 회사에 가장 친한 친구가 있다.
성장	✓ 지난 6개월 동안, 나의 발전에 관심을 보인 사람이 있다. ✓ 지난 1년 동안, 회사에서 배우고 성장할 수 있는 기회가 많이 있었다.

[표 3] 갤럽社의 직원몰입 진단문항 Q12

이렇듯 다양한 몰입진단도구들이 기업에서 적극적으로 활용되고 있는데, 우리나라 기업에 종사하는 직장인들의 몰입수준은 어떠할까? 갤럽의 직원몰입 조사결과를 살펴보면 대한민국 직장인의 몰입 수준은 전 세계 평균인 23%의 절반 수준인 13%로 나타났으며, 조용한 사직과 요란한 사직의 수준은 전 세계 평균보다 6% 높은 각각 65%, 24% 등으로 나타났다.

	몰입된 (직무번영감 가진)	몰입되지 않은 (조용한 사직)	적극적으로 몰입되지 않은 (요란한 사직)

세계	23%	59%	18%
한국	12%	65%	24%
중국	18%	62%	21%
일본	5%	72%	23%
싱가포르	13%	74%	13%
태국	22%	67%	12%
말레이시아	25%	65%	9%
미국	34%	50%	16%

[표 4] 갤럽社의 직원몰입 조사결과(2022년)

이렇게 우리나라 기업구성원의 몰입도가 낮은 이유가 뭘까? 여기서 우리는 대담한 가정을 해본다. 대한민국 직장인들의 고유한 직원몰입특성을 진단하는 도구가 부재해 왔다는 것이다. 앞서 소개한 앨런 삭스Alan Saks 교수의 말을 빌려오자. "Gallup의 진단도구는 실제 몰입 상태보다는 직원들이 일하는 조건을 측정하는 항목으로 구성되어 있다. 직원몰입 측정의 시작점은 무엇을 몰입으로 측정할 것인지 바로 직원몰입에 대한 특성을 먼저 규명하는 것이다". 사실 한국인들에게는 남다른 우리라는 정서가 있다. 개인을 희생하면서도 동료를 지원하고 구성원들 간에 정서적 친밀감을 가지고 서로 지지하는 집단을 지향한다는 특징이 있다. 서양과는 다른 우리나라 직장인들이 가진 고유한 몰입특성을 어떻게 측정할 수 있을까? 이제 대한민국 기업에서 대한민국만의 직원몰입 특성을 반영한 진단도구를 찾아 나설 시점이다.

04 우리에게 한국형 직원몰입이 필요한 이유

고대 그리스 철학자 아리스토텔레스는 인간을 '폴리스적 동물사회적 동물'이라고 하였다. 단순히 모여 사는 것에 의미를 두지 않고 정치·문화적 공동체 안에서 살아가야 하는 존재라는 뜻을 내포하고 있다. 정치·문화적 공동체는 우리가 일하고 있는 직장도 포함되어 있기에, 회사원이 직장에서 일하고, 몰입하는 것은 그가 속한 공동체의 환경과 문화에 따라 달라지게 된다. 몰입에 관한 저명학자인 미국 콜로라도주립대학Colorado State University의 진타 S. 번Zinta S. Byrne 교수는 이러한 문화적 차이에 따른 몰입의 차이에 주목한다. 그는 헤이르트 호프스테더Geert Hofstede의 문화 유형 구분 기준에 근거해 국가의 성격에 따라 어떻게 몰입이 다르게 나타날 것인지 설명하였다. 그는 평등주의적 문화일수록, 집단주의적 문화가 강할수록, 불확실성에 대해 적극적으로 수용하는 문화일수록 몰입이 효과적으로 발현될 수 있다고 하였다.

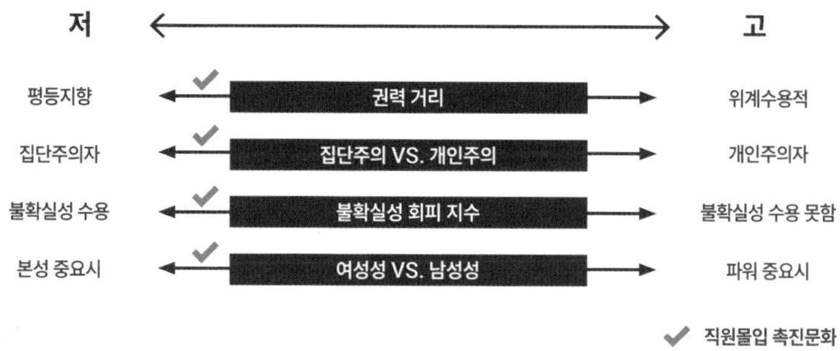

[그림 1] Zinta S. Byrne의 문화적 차이에 따른 몰입의 차이

이와 같이 직원몰입이 처한 상황, 특히 소속된 문화에 크게 영향을 받는 데에도 불구하고, 일률적으로 서양의 조직문화를 바탕으로 개발된 측정 도구를 그대로 번안하여 사용하는 경우 다양한 문제점이 발생할 수 있다. 예를 들어 전 세계적으로 활용되고 있는 직원몰입 진단도구를 국내 기업에 그대로 적용하였을 때 우리나라 직원들의 몰입 수준을 제대로 진단하지 못하는 문제가 제기될 수 있다. 실제 외국에서 개발된 직원몰입 진단도구를 국내에 적용했을 때 진단결과의 신뢰성과 타당성이 매우 낮은 것으로 밝혀지기도 하였다. 우리가 한국적 상황에서의 직원몰입을 새롭게 탐색할 이유이다.

HEI, 휴먼인게이지먼트연구소 Human Engagement Institute 는 행복한 대한민국을 만들기 위해 일터, 학교, 지역사회에서의 몰입을 진단하고 증대하는 데 관심을 두고 있는 직원몰입 전문 연구소이다. 해당 연구소는 기업 핵심인력들과의 협업, 몰입에 관한 국내외 저명한 석학들과의 논의를 통해 마침내 한국형직원몰입 진단도구를 개발하였다. HEI가 새롭게 개발한 한국형직원몰입 진단도구는 '성과중심몰입 척도', '관계중심몰입 척도'의 총 2종으로 구성되어 있다. 더욱이 이렇게 개발된 2종의 한국형직원몰입 진단도구는 그 우수성을 인정받아 국내외 저명학술지에 출판되었으며, 국내 다양한 기업에서 직원몰입을 측정하기 위해 활발하게 활용 중이다.

두 개의 척도는 기본적으로 조직에 소속된 직원이 자신의 직무에 대한 몰입을 측정한다. 먼저 관계중심몰입 척도는 직무몰입과 함께 자신의 상사 및 동료와의 관계에 대한 몰입을 측정하는 데 초점이 맞춰져 있다. 구체적으로 업무환경에서 느끼는 관계에 대한 인지, 정서, 행동 몰입과 직무에 대한 인지, 정서, 행동 몰입 총 6개의 하위요인으로 구성되어 있다. 이를 통해 직원과 직장, 동료, 리더 사이의 정서적 연결과 업무환경에서 느끼는 신뢰, 존중, 지원 수준을 확인할 수 있다. 다음으로 성과중심몰입 척도는 앞서 직무에 대한 몰입과 함께 조직의 성과 추구 지향을 전문적으로 측정하고 있다. 구체적으로 목표 또는 목표를 달성하려는 직원의 동기에 중점을 두고 조직몰입, 인지몰입, 정서몰입, 성과몰입의 총 4개 하위요인으로 구성되어 있으며, 이를 통해 명확성, 피드백, 인식, 개발기회를 확인할 수 있다.

[그림 2] 한국형 직원몰입 요인 구조

대한민국의 직장인들이 흔히 직장에서 과업을 처리할 때 몰입하는 경우를 생각해 보자. 먼저 소속된 조직의 상사 및 동료와 서로 믿고 신뢰하면서 동일한 목표를 공유하고 협동할 때일수록, 지금 조직에서 하고 있는 일들을 남이 아닌 나의 일로 생각하며 조직의 성과를 고려하며 과업에 매진하게 된다. 이렇게 '우리가 남이가' 하는 마음으로 비록 조직에서 성과창출에 매진하는 모습을 그려보면, 조직 구성원들의 직원몰입 수준을 면밀하게 진단하기 위해서는 2종의 진단도구 모두가 필요함을 알 수 있다. 2종을 통한 통합적인 진단 그리고 영역별로 심층적인 진단이 모두 가능하다. 한국형 직원몰입 진단을 경험하고 싶은 경우 HEI홈페이지 https://hei.cau.ac.kr/ 에서 무료로 진단에 참여할 수 있다.

05 대한민국 기업의 직원몰입을 조망하다 : HEI 패널

조직에서 직원몰입 측정을 해보면 자신의 직장에서 인구통계학적 요인에 따라 어떤 동기가 보다 부여되고, 직무에 어떠한 영향을 미치는지에 대한 통찰력을 얻을 수 있다. 예를 들어, 나이가 젊은 직원이 직장에서 자신의 위치를 확립하려 할 때는 관계중심몰입이 조금 더 중요할 수 있고, 특정 분야에서는 성과중심몰입이 더 중요한 역할을 할 수 있다. 또한, 산업, 직무, 기업규모 등의 구분에 따라 어떤 몰입 유형이 더 큰 영향을 미치는지 파악할 수 있다. 연령, 산업, 직무, 그리고 기업규모별로 몰입 수준을 이해함으로써, 조직은 직원의 요구와 우선순위에 맞게 전략을 조절할 수 있다. 나아가 관계중심몰입과 성과중심몰입의 정도를 파악하여 필요한 지원을 제공함으로써, 기업은 직원의 몰입, 만족, 생산성을 증진하는 기업 문화를 구축할 수 있을 것이다.

직원몰입의 중요성을 인식한 이상 만약 당신의 기업이 성공하고자 한다면 이렇게 물어보아야 한다. "우리 기업 구성원은 어디에 몰입하고 있는가?" 직원몰입 조사도구는 우리 직원들이 관계와 성과에 얼마나 몰입하고 있는지 알려줄 수 있다. 그렇다면 여기에서 한발 더 나아가, 지금 대한민국 직장인들은 자신의 직장에서 얼마나 몰입하고 있는가? 휴먼인게이지먼트연구소에서는 구체적으로 우리나라 직장에서 산업군별로, 규모별로 얼마나 몰입하고 있는지를 찾기 위해서 대규모 패널 조사를 진행하였다.

조사대상

대한민국 인게이지먼트 트렌드에서 제시된 결과는 Human Engagement Institute 이하. 휴먼인게이지먼트연구소에서 조사한 「2023 HEI인적자원몰입패널」의 국내 210개 기업 인사담당자 및 일반근로자 총 1,714명의 응답 자료를 바탕

유형	일반근로자			사업체 수 및 인사담당자 수	전체
	300인 이하	300-999인	1,000인 이상		
제조업	264	120	41	41	466
금융 및 보험업	54	30	19	16	119
전기, 가스, 증기 및 공기 조절 공급업	12	9	5	6	32
도매 및 소매업	91	24	14	22	151
숙박 및 음식점업	39	15	3	9	66
전문, 과학 및 기술 서비스업	77	48	15	23	163
사업시설 관리, 사업 지원 및 임대 서비스업	105	82	39	30	256
정보통신업	58	26	4	16	104
교육 서비스업	31	33	12	14	90
보건업 및 사회복지 서비스업	155	24	18	24	221
예술, 스포츠 및 여가관련 서비스업	22	7	8	9	46
전체	908	418	178	210	1,714

[표 5] 2023 HEI인적자원몰입패널 산업군X기업유형별 응답자 분포

으로 도출되었다. 해당 패널조사는 인적자원 및 직원몰입 축적이 상대적으로 불필요한 산업군을 제외, 총 11개 산업군에 속한 기업을 종사자 수에 따른 규모별로 나누어 제곱근비례표집으로 표집 후 조사를 진행하였다. <표 5>는 조사대상 분포를 나타낸다.

조사내용

휴먼인게이지먼트연구소에서 조사한 「HEI인적자원몰입패널」은 두 가지의 큰 맥락을 중심으로 분석을 진행하였다. [그림 3]은 직원몰입 촉진요인과 성과요인들 간의 관계를 나타낸다.

먼저 한국기업의 직원몰입 수준을 측정한 후 이를 바탕으로 직원의 몰입이 어떠한 성과를 도출할 수 있는지를 확인하였다. 직원몰입의 성과는 심리적 웰빙 직무소진, 역할 수행 성과 직무성과, 역할 외 수행 성과 이직의도, 혁신행동, 친사회적행동 총 5개 결과변인을 중심으로 구성되었다. 몰입이 기업의 성과에 얼마나 영향을 미치는지 이를 통해 기업은 데이터 기반의 결정을 내리고, 참여 전략을 개선하며, 특정 문제를 해결할 수 있다.

다음으로 국내 기업 직원의 몰입을 제고하거나 저하시킬 수 있는 촉진요인들을 확인하였다. 몰입의 촉진요인으로는 조직자원, 직무자원, 리더십자원, 개인자원의 대영역 아래에 18개의 요인을 구성하여, 이들 요인과 직원몰입 간의 관계성을 확인하였다. 구체적으로 조직자원 측면에서는 개인환경적합성, 조직지원인식, 조직의사소통, 조직공정성, 조직신뢰, 팀응집성 등이 포함되고, 리더십 측면에서는 리더의 리더십 유형, 포용적리더십이 포함되었다. 개인 측면에서는 목표지향성 유형, 학습민첩성, 디지털리터러시가 포함되었고, 직무자원 측면에서는 직무자율성, 잡크래프팅, 직무만족, 개인직무적합성 등이 포함되었다. 이러한 관점의 접근은 조직이 직원몰입 촉진 전략을 세우는 데 도움이 되는 정보를 제공한다.

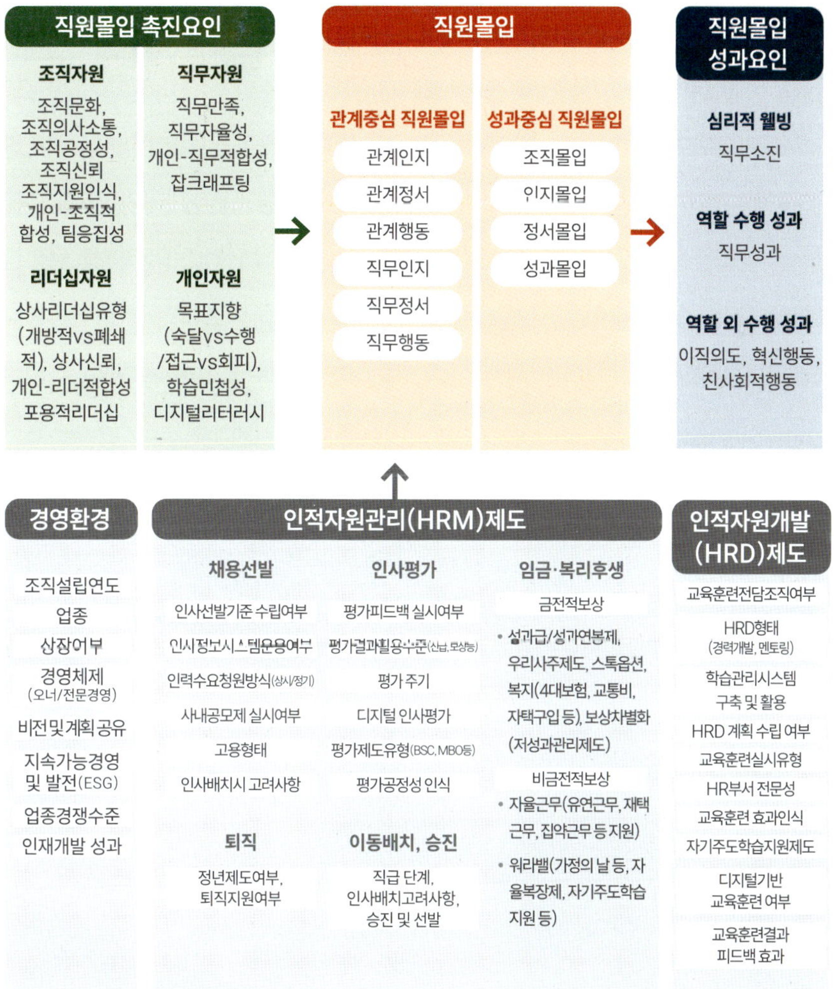

[그림 3] HEI 인적자원몰입패널 모델

CHAPTER 02

한국기업의 직원몰입을 진단하다

1. 한국기업의 몰입수준은?
2. 세대별 몰입 이야기: 베이비붐세대부터 XYZ세대까지
3. 직급별 몰입 이야기: 뉴비에서 보스까지
4. 고용형태별 몰입 이야기: 정규직과 계약직의 허들
5. 업종별 몰입 이야기: 산업군과 기업규모의 차이
6. 직군별 몰입 이야기: 직군과 기업규모의 차이

01 한국기업의 몰입수준은?

· 지선(대리): "과장님. 어제 부장님이랑 맥주 한잔하셨다면서요?"

· 재진(과장): "아 응. 프로젝트 하나 들어가는 기 있는네 좀 편하게 얘기하자고 하셔서…. 아무래도 사무실에서 밖에서 이야기하는 게 좀 더 편하니까 불러낸 것 같아."

우리는 주변에서 종종 업무 이야기를 사석에서 하는 경우를 볼 수 있다. 이에 대해 불편함을 느끼는 사람도 있지만, 이런 자리에서 좀 더 나은 의견을 들을 수 있다는 사람들도 많다. 이 역시도 직원몰입으로 볼 수 있다. 서양의 기업과는 구별되는 한국 기업만의 직원몰입 특성은, 휴먼인게이지먼트연구소에서 제시한 '관계중심몰입'과 '성과중심몰입'의 관점에서 구체적으로 살펴볼 수 있다.

'관계중심몰입'은 직원의 정서적 애착과 함께 동료, 관리자, 조직 전체와 형성된 사회적, 정서적 유대 수준이 높은 것을 의미한다. 이는 단순히 "김대리! 입이 좀 심심하지 않아? 담배 한 대 피우러 가자"와 같은 사교적 연결을 넘어선 것을 의미한다. 나의 일에 대해 욕심이 나서, 일을 잘하기 위해 주위 동료에게 적극적으로 도움을 청해보기도 하고 피드백을 구해보기도 한다. 또한 "사람이 좋다"라며 끈끈한 관계를 원동력 삼아 힘든 일도 이겨낼 수 있다. 이렇듯 내가 속한 팀이나 부서, 조직에 대한 소속감과 유대감을 느끼고, 신뢰와 존중을 바탕으로 동료와 협업하고, 그리고 관리자와 긍정적인 관계를 유지하는 것은 관계중심몰입의 핵심이다. 관계중심몰입은 팀 구성 활동, 정기적인 커뮤니케이션과 피드백, 인정 및 보상 프로그램, 긍정적이고 지원적인 업무환경 조성으로 구축된다. 회사 내 동아리 활동이나 다른 사무실 동료들과의 식사 등도 이에 해당한다. 이런 관계지향적행동은 직원의 몰입도를 높이고 이직률을 줄이며 전반적인 성과와 생산성을 향상하는 데 도움을 준다.

'성과중심몰입'은 관계보다는 좀 더 자신의 직무와 조직의 성과를 추구하기 위해 몰입하는 형태를 말한다. 이러한 성과중심몰입은 구성요소를 통해 좀 더 쉽게 이해할 수 있다. **성과중심몰입은 조직몰입, 정서몰입, 성과몰입, 인지몰입으로 구성된다.** '조직몰입'은 자신이 소속되어 있는 조직에 대한 긍정적인 인식을 의미한다. 구체적으로는 소속된 조직에 대한 긍정적인 관심, 흥미, 소속되어 있는 것에 대한 자부심, 그리고 일체감을 느끼는 상태를 뜻한다. '정서몰입'은 자신이 맡은 직무에 대해 긍정적인 정서를 갖는 것을 의미한다. 자신의 업무에 대해 깊은 열정을 갖고 높은 수준의 성과와 우수성을 달성하는 데 큰 자부심을 느끼는 상태를 나타낸다. '성과몰입'은 높은 수준의 성과를 달성하고 기대치를 충족하기 위한 것을 의미한다. 회사 직원 중, 누가 시키지도 않았는데 좀 더 일을 완벽히 수행하거나 좀 더 높은 성취를 추구하는 데 필요 이상의 노력과 시간을 들이는 모습이 보인다면 바로 성과몰입형 직원이다. '인지몰입'은 자신이 맡은 업무에 대해 매우 높게 집중하는 상태이다. 인지몰입이 높은 직원은 자신의 업무에 열중하여 시간이 어떻게 흘러갔는지 모르기도 하며, 자신만의 방법을 통해 집중을 유지하여 업무에 열중한다.

직원몰입 관계중심몰입, 성과중심몰입 의 관점에서 한국 기업 종사자들의 실제 몰입 수준을 살펴보면, <표 1>과 같이 관계중심몰입과 성과중심몰입은 평균적으로 보통 이상의 수치를 나타내고 있었다. 두 유형 간 비교에서는 성과중심몰입보다는 관계중심몰입이 약간 더 높았다. 이는 직장에서 상사 및 동료와의 관계를 바탕으로 직무에 몰입하는 한국인들의 일 수행 문화를 보여주고 있다. 한국 사회에서 관계중심몰입은 종종 팀을 구축하여 활동하고, 동료 또는 상사와 공식적·비공식적으로 열린 의사소통을 유지함으로써 이뤄진다. 관계중심몰입이 높다는 것은 중요한 프로젝트를 수행하거나, 업무를 진행할 때 다양한 이해관계자 간의 협조를 이끌 수 있다는 것을 의미하고, 관계성은 직원몰입에 중요하게 작용한다고 해석할 수 있다.

직원몰입 유형별 세부항목을 살펴보면, 관계중심몰입의 하위요소인 관계인지, 관계정서, 관계행동, 직무인지, 직무정서, 직무행동 등 여섯 가지 요인들에서 가장 높은 평균값은 관계행동이었으며, 가장 낮은 평균값은 직무정서로 확인되었다. 이는 회사에서 직원들끼리의 단순한 관계에 대한 몰입보다는 직무 수행 행동과 관련된 몰입이 더 높다는 것을 의미한다. 한편 **성과중심몰입의 하위요인인 조직몰입, 정서몰입, 성과몰입, 인지몰입** 중에서 가장 높은 평균값은 인지몰입이었으며, 가장 낮은 평균값은 정서몰입으로 나타났다. 이는 직원들이 회사에서 성과와 관련된 계획 등 인지적 몰입이 높고, 상대적으로 정서적인 면에서의 몰입은 낮다는 것을 의미한다.

항목	5%	10%	25%	50%	75%	90%	95%
관계인지	2.80	3.00	3.40	3.80	4.20	4.56	4.80
관계정서	2.80	3.00	3.40	3.80	4.00	4.40	5.00
관계행동	3.00	3.00	3.60	**4.00**	4.20	4.60	5.00
직무인지	3.00	3.20	3.60	3.80	4.20	4.60	4.80
직무정서	2.67	3.00	3.33	**3.67**	4.00	4.67	5.00

직무행동	3.00	3.00	3.60	3.80	4.00	4.40	4.80
관계중심몰입	**3.00**	**3.15**	**3.54**	**3.87**	**4.07**	**4.31**	**4.56**
조직몰입	2.67	2.83	3.17	3.67	4.00	4.33	4.67
정서몰입	2.00	2.20	2.80	**3.40**	4.00	4.20	4.40
성과몰입	2.86	3.00	3.43	3.71	4.00	4.29	4.57
인지몰입	2.50	2.75	3.00	**3.75**	4.00	4.25	4.50
성과중심몰입	**2.71**	**2.87**	**3.15**	**3.62**	**3.92**	**4.16**	**4.30**

[표 1] 직원몰입 유형에 따른 점수 분포 현황

그렇다면 관계중심몰입과 성과중심몰입 간의 관계는 어떠할까? 관계중심몰입이 선행되면 성과중심몰입으로 이어질까? 아니면 반대로 성과중심몰입에 집중하다 보면 자연스럽게 관계중심몰입이 증진될까? 이러한 질문에 대해 'HEI인적자원몰입패널 조사'결과는 관계중심몰입이 먼저 일어나고 이후에 성과중심몰입이 발생하는 것으로 나타났다. 관계중심몰입과 성과중심몰입 간의 통계적 영향관계를 살펴봤을 때, 관계중심몰입이 성과중심몰입에 미치는 표준화 회귀 계수는 0.82로 관계중심몰입 수준이 높아질수록 성과중심몰입이 높아지는 정적 인과관계가 있다고 볼 수 있었다. 간단하게 말하자면, 사람들이 먼저 서로의 관계에 더 집중하게 되면, 그 결과로 성과를 추구하는 몰입도 증가한다는 것이다.

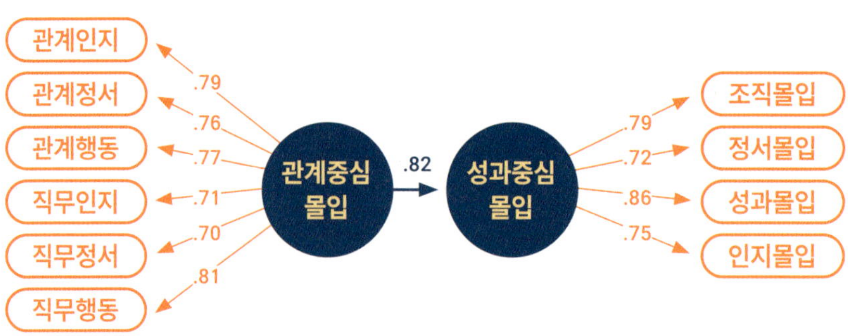

[그림 1] 관계중심몰입과 성과중심몰입 간 경로분석 결과

추가적으로 관계중심몰입을 구성하는 세부 요인과 성과중심몰입 세부 요인 간의 영향관계를 살펴보았다. 성과중심몰입의 한 구성요인인 조직몰입에 영향을 주는 관계중심몰입 요소는 직무정서, 관계인지, 직무행동, 관계정서 순이었다. 관계행동은 약한 부정적 영향을, 직무인지 몰입은 영향이 없었다. 다음으로 정서몰입에 영향을 주는 관계중심몰입 요소는 직무정서, 관계인지, 직무행동 순이었다. 관계행동과 직무인지는 부정적 영향을 주었고, 관계정서 몰입은 영향이 없었다. 직무성과 몰입에 영향을 주는 관계중심몰입 요소는 직무행동, 관계인지, 직무정서, 직무인지, 관계정서 순서였다. 관계행동은 영향이 없었다. 끝으로 인지몰입에 영향을 주는 관계중심몰입 요소는 직무행동, 직무인지, 직무정서, 관계인지 순이었다. 관계행동은 부정적 영향을 주었고, 관계정서 몰입은 영향이 없었다.

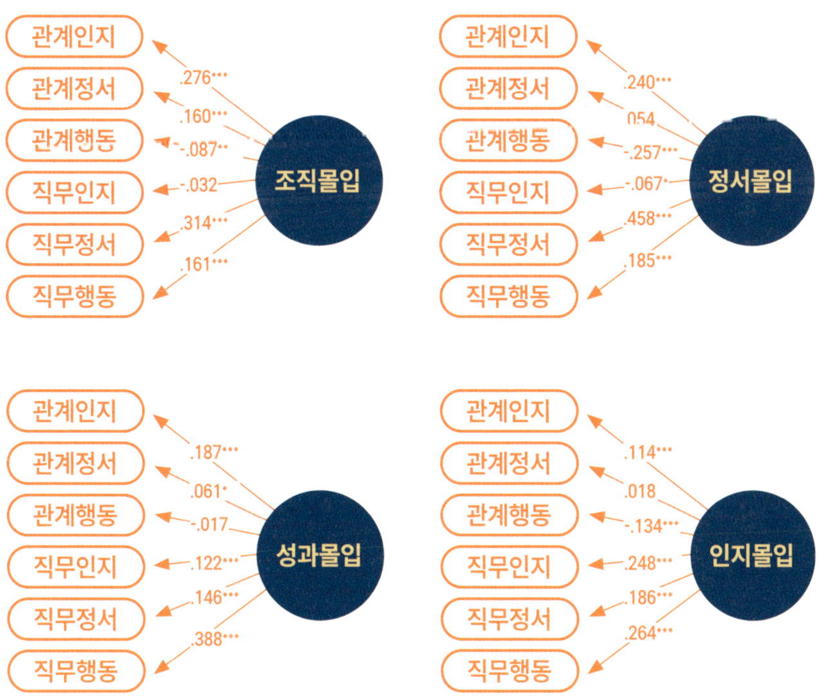

[그림 2] 관계중심몰입의 세부 몰입 요인과 성과중심몰입의 세부 몰입 요인 간의 영향 분석결과

직원이 관계중심몰입이 높을 때 팀 내에서 동료들과의 관계를 중요시하고, 그들과의 관계를 발전시키려는 노력을 보일 가능성이 높다. 이러한 직원은 팀 내의 협업과 소통을 증진시키는 데 긍정적으로 작용하게 된다. 반면, 성과중심몰입이 높은 직원은 목표 달성과 업무성과에 더욱 집중할 것이다. 이러한 직원은 목표 달성을 위해 필요한 업무를 우선순위에 두고, 팀 내에서의 인간관계나 대인관계에 대한 노력보다는 상대적으로 일의 성과를 더 중요하게 생각할 수 있다. 따라서 조직은 관계중심몰입과 성과중심몰입의 차별적 특성을 반영한 지원 전략을 수립해야 한다. 먼저 각 몰입 특성을 강화할 수 있다. 관계중심몰입이 높은 직원에게는 정기적인 팀 빌딩 활동과 열린 소통의 기회를 제공해 협업을 강화하고, 멘토링 프로그램을 통해 관계 형성을 적극 지원한다. 반면 성과중심몰입이 높은 직원에게는 명확한 목표 설정과 성과 기반 보상을 제공하며, 독립적인 업무 환경을 조성해 이들의 강점을 최대한 발휘할 수 있도록 한다. 반대로, 자신이 결여된 몰입을 강화하는 전략을 수립할 수 있다. 이러한 맞춤형 지원은 팀 내 협력을 촉진하고, 개별 지원의 성과를 극대화하여 조직의 생산성과 효율성을 높이는 데 기여할 것이다.

02 세대별 몰입 이야기 : 베이비붐세대부터 XYZ세대까지

· 미연(사원): "대리님. 어제 부장님 PT 정말 대단하시던데요!"

· 지선(대리): "맨날 아무것도 안 하는 것처럼 보이다가도 결정적일 때 확실하게 보여주는 게 있어. 역시 나이와 경험은 이길 수 없다니까."

현재의 60대. 그리고 40대 후반에서 50대까지의 X세대, 30대 초반에서 40대 초반의 Y세대, 그리고 현재의 20대인 Z세대. 이들은 현재 한국사회에서 기업의 핵심 구성원으로 활약하고 있다. 각각 살아온 문화와 환경이 다른 만큼 몰입의 양상도 다양할 것으로 짐작할 수 있다. 그렇다면 현재 어떤 연령대의 직원들이 가장 몰입도가 높을까? 결과적으로 40대에서 50대의 몰입도가 가장 높았다.

연령에 따른 직원의 관계중심몰입과 성과중심몰입의 현황을 확인한 결과는 다음과 같다. 먼저 관계중심몰입의 경우 20~40대에서 높은 수준을 확인할 수 있었고, 60대 이상 연령부터 3.4점으로 상대적으로 낮은 경향을 보였다. 성과중심몰입의 경우 20~30대가 3.5점대의 수치를 보이다가 40대에서 최고점에

이르고 50대에서부터 차츰 감소하는 경향을 보였다.

유형	관계중심몰입	성과중심몰입
20대(n=367)	3.84	3.58
30대(n=687)	3.81	3.54
40대(n=279)	3.89	3.62
50대(n=106)	3.80	3.51
60대 이상(n=72)	3.40	3.27
전체(n=1511)	3.81	3.55

[표 2] 연령별 몰입수준 현황

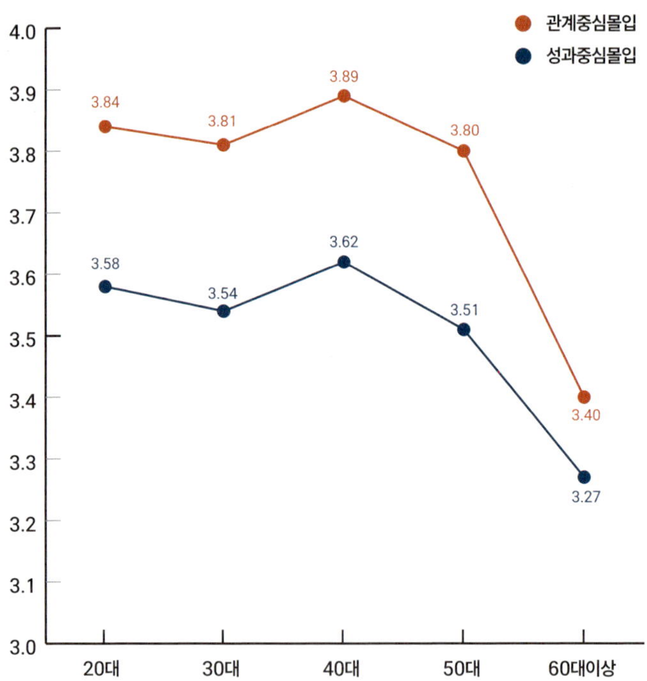

[그림 3] 연령별 직원몰입 현황

전반적으로 관계중심몰입은 연령대에 걸쳐 상대적으로 안정적으로 유지되는 반면, 성과중심몰입은 특히 60세 이상에서 감소하는 경향이 있음을 보여준다.

60세 이상의 경우 직장에서 정년을 준비하고 있다는 점을 고려했을 때 논외로 볼 수 있다. 세대에 따른 맞춤형 몰입지원이 요구된다.

20~30대는 성장과 학습에 대한 열망이 강하고, 개인적 성취와 경력 개발에 높은 관심을 보이는 세대다. 이들을 효과적으로 지원하려면 개인 목표와 조직 목표를 연계한 맞춤형 경력 개발 기회를 제공해 성장 동기를 자극해야 한다. 그리고 최신 기술 교육과 온라인 학습 플랫폼을 지원함으로써 스스로 학습하며 전문성을 강화할 수 있는 환경을 조성할 필요가 있다.

40~50대는 조직의 핵심 리더층으로, 풍부한 경험과 전문성을 바탕으로 조직에 중요한 기여를 하는 세대다. 이들의 몰입을 유지하고 강화하기 위해서는 리더십 역량을 높일 수 있는 교육 및 코칭 프로그램을 제공하고, 조직 내에서 멘토 역할을 수행할 기회를 부여해야 한다. 더불어 정기적인 성과 피드백을 통해 이들의 기여를 인정하고, 성취감을 고취할 수 있는 체계를 마련함으로써 몰입을 증진시킬 수 있다. 이러한 연령대별 맞춤 전략은 조직의 전반적인 성과와 유연성을 강화하는 데 기여할 것이다.

또한 고령화 시대가 도래함에 따라 60대를 위한 '인생 2막 프로젝트', '은퇴 후 직업 찾기' 등을 목표로 하는 교육 프로그램들이 많이 등장하고 있는 추세이다. 초고령사회에 도달한 한국 사회는 앞으로 기업과 고령자가 함께 일할 가능성이 높아지고 있으며, 저출산으로 인해 일하는 연령대가 줄어드는 현상도 이를 반영하고 있다. 따라서 대한민국에서 60대 이상 직원의 몰입을 높이기 위한 전략이 필요하다. 교육 및 전문성 개발기회 제공, 유연한 업무 배치, 멘토링 및 코칭 관계 장려, 긍정적인 업무환경 조성, 퇴직 계획 및 지원 제공 등 다양한 노력을 통해 고령 직원의 직무몰입을 증진시킬 수 있다. 이러한 노력은 60대 직원이 보유하고 있는 귀중한 경험과 지식을 적극적으로 활용할 수 있게 하여 조직의 발전에 도움을 준다.

03 직급별 몰입 이야기 : 뉴비에서 보스까지

· 민경(대리): "과장님. 부장님은 정말 대단하신 것 같아요. 업무보고 때마다 느끼는 것인데 그 짧은 시간에 내용을 다 파악하시고 제가 미처 생각하지 못한 부분을 딱딱 짚어주시더라고요."

· 재진(과장): "응 맞아. 어떨 때 보면 존경스러워. 우리 부서가 영업실적을 달성하려면 무엇이 필요한지 족집게처럼 집어주시니까, 일하기도 너무 편하고."

· 민경(대리): "맞아요. 본인도 힘드실 텐데 팀원 한 명 한 명 케어하시면서 팀워크도 신경 쓰시고… 저라면 도저히 못할 것 같아요."

"부장님 최고이십니다. 나이스샷!"이라는 말은 드라마나 영화에서 같은 팀의 상사에게 잘 보이기 위해 하는 말로 많이 쓰인다. HEI인적자원몰입패널 조사결과 실제로 최고의 몰입수준을 보이는 직급은 바로 '부장'으로 확인되었다. 직원의 직급과 관계중심몰입, 성과중심몰입 수준 간의 관계를 분석한 결과, 관계중심몰입 수준은 주임·계장급, 과장급 직원이 다른 직급에 비해 낮았으나, 전반적으로 직급이 올라갈수록 관계중심몰입 수준이 증가하는 경향을 보였다. 즉, 직급이 높아질수록 직원들은 팀 내의 관계를 더욱 중요시하며, 팀원들과의 관계를 발전시키는 데 더욱 노력하는 것으로 해석할 수 있다.

반면, 성과중심몰입 수준은 차장급 이하 직급 직원들 사이에서 큰 변동이 없었으며 중간 정도의 수준을 보였다. 그러나 부장급 이상부터는 성과중심몰입 수준이 급격히 증가하는 경향을 보였는데, 이는 직급이 높아질수록 업무성과에 대한 책임과 역할이 더욱 중요해지기 때문으로 해석할 수 있다. 예를 들어, 부장급 이상의 직원들은 조직의 목표를 달성하기 위한 노력과 성과 달성을 더욱 중요시하며, 이를 위해 업무에 대한 몰입도가 높아지는 것으로 생각할 수 있다.

유형	관계중심몰입	성과중심몰입
사원급(n=655)	3.81	3.57
주임/계장급(n=167)	3.73	3.47
대리급(n=295)	3.85	3.55
과장급(n=198)	3.77	3.53
차장급(n=80)	3.88	3.52
부장급(n=68)	3.85	3.60
임원급(n=39)	3.91	3.68

[표 3] 직급별 직업몰입 현황

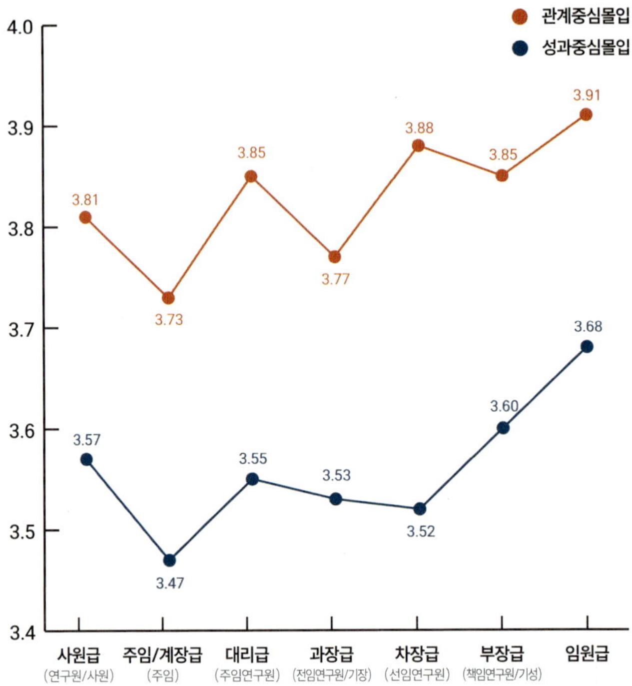

[그림 4] 직급별 직원몰입 현황

04 고용형태별 몰입 이야기 : 정규직과 계약직의 허들

· 재진(과장): "미연씨 축하해! 이번에 정규직 되더니 퍼포먼스가 더 좋아진 거 같아."

· 미연(사원): "감사합니다. 과장님! 그냥 힘이 좀 더 나는 것 같더라고요."

고용안정성은 직원이 몰입하기 위한 핵심적인 요인으로 알려져 있다. 고용안정성은 내 일자리가 없어질까 걱정하지 않고 출근하는 것이다. 언젠가는 회사를 떠나야 하지만 그 시기가 너무 빨라지고 예측하기 어려워지는 경우에는 직원몰입이 낮아진다. 고용형태가 직원몰입과 유의미한 관계가 있는지 살펴보기 위하여 고용형태별 직원몰입 유형의 수준을 확인하였다. 그 결과 관계중심몰입 및 성과중심몰입 유형에 상관없이 정규직이 높은 몰입수준을 보였다. 이는 조직에 대한 직원의 몰입을 높이기 위해 고용안정성이 보장되어야 함을 시사한다. 조직은 안정적인 업무환경 제공, 경력성장과 기회창출, 특히 비정규직 직원의 몰입을 높이기 위한 공정한 보상, 혜택 제공과 같은 전략적 실천을 고려해야 한다. 그렇게 함으로써 조직은 직원몰입을 바탕으로 한 생산성 개선과 성공을 함께 이룰 수 있다.

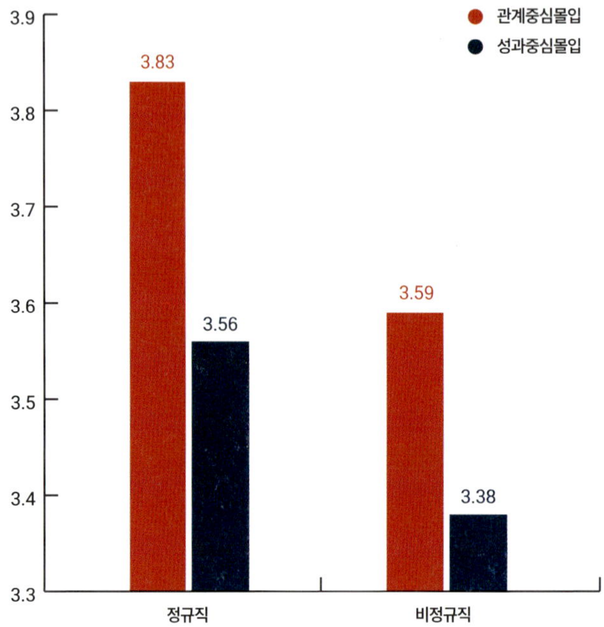

[그림 5] 고용형태별 직원몰입 현황

고용안정성은 직원몰입을 결정짓는 핵심 요소이지만, 최근 노동시장에서는 프리랜서와 프로젝트 계약직과 같은 유연한 고용 형태가 증가하고 있다. 이러한 고용 형태는 조직의 필요에 따라 중요한 역할을 수행하지만, 이들의 몰입 수준에 대한 연구는 아직 부족하다. 따라서 향후에는 프리랜서와 프로젝트 계약직을 대상으로 관계중심몰입과 성과중심몰입 수준을 조사하고, 이들의 특성과 요구를 반영한 맞춤형 전략을 수립할 필요가 있다. 이를 통해 조직은 다양한 고용 형태의 인재를 효과적으로 활용함으로써 몰입도를 증진시키고, 전반적인 성과 향상을 도모할 수 있을 것이다.

05 업종별 몰입 이야기 : 산업군과 기업규모의 차이

어떤 산업군에서 가장 높은 수준의 관계중심몰입을 보이나?

· 민경(대리): "지점장님. 이번에 고객 관리팀에서 친절사원으로 선정된 직원 있다고 연락이 왔던데 누구예요?"

· 수빈(지점장): "아. 이번에 서비스 1팀에 하민지 사원이라고, 엄청 꼼꼼한 친구 있어. 이제야 포상 받는 게 이상할 정도지. 벌써 받았어야 하는 친구지."

백화점을 방문하면 고객으로서 우대받는 느낌을 받을 수 있다. 백화점 직원들의 서비스가 고객과 밀접하게 연결되어 있기 때문이다. 그렇다면 다양한 산업 분야 중 어떤 산업군이 가장 높은 수준의 몰입을 보일까?

HEI인적자원몰입패널 조사에서는 사업체 규모를 11개의 산업군과 3개의 조직 규모로 분류하여, 각 조직 유형에 따른 관계중심몰입 수준을 조사하였다. 먼저, 산업군별 관계중심몰입 수준을 살펴보면, 전체 산업군의 평균 관계중심몰입 수준은 3.81점으로 나타났다. 평균수준보다 높은 산업군은 보건업 및 사회복지 서비스업, 교육 서비스업과 예술·스포츠 및 여가 관련 서비스업, 금융 및 보험업, 제조업, 도매 및 소매업 등으로 나타났다. 반대로, 평균수준보다 낮은 산업군은 전문, 과학 및 기술서비스업, 숙박 및 음식점업, 출판·영상·방송 통신 및 정보서비스업, 전기·가스·증기 및 공기 조절 공급업, 사업시설 관리·사업지원 및 임대서비스업 순으로 나타났다.

이를 통해, 각 산업군의 특성에 따라 관계중심몰입 수준이 다른 것을 알 수 있었는데, 구체적으로는 건강 및 사회복지 서비스 또는 교육 서비스처럼 사람과 사람이 높은 상호작용을 하는 직업 분야의 경우 자연스럽게 더 높은 수준의 관계중심몰입이 필요한 것으로 나타났다. 마찬가지로 금융 및 보험과 같이 높은 수준의 신뢰가 필요한 산업 역시 높은 수준의 관계중심몰입을 필요로 하는 산업군이라 할 수 있다. 반면에 숙박 및 레스토랑, 비즈니스 지원 및 임대 서비스와 같이 수익 창출을 목적으로 하는 산업은 상대적으로 관계중심몰입이 낮았다. 즉, 일회성 상호작용, 단기 관계 등이 많이 나타나는 업종은 직원들의 관계중심몰입이 상대적으로 낮게 나타났다. 따라서 평균보다 낮은 수준의 관계중심몰입을 보이는 직종에서 우수한 고객 서비스를 제공하기 위해서는 직원교육을 시행하거나, 고객이 쉽게 피드백을 제공할 수 있는 의사소통관리 프로세스를 구현하거나, 정기적으로 고객과 교류할 기회 창출을 제공하는 등의 기업 차원에서의 노력이 필요하다.

다음으로 산업군별 기업규모에 따른 관계중심몰입 특성을 살펴보면 제조업과 금융 및 보험업, 출판·영상·방송통신 및 정보서비스업, 예술·스포츠 및 여가 관련 서비스업, 전기·가스·증기 및 공기 조절 공급업에 속한 조직의 경우 1,000인 이상 규모일 때 관계중심몰입 수준이 가장 높은 것으로 확인되었다. 반면 전문·과학 및 기술서비스업, 도매 및 소매업, 숙박 및 음식점업, 보건업 및 사회복지 서비스업에 속한 조직의 경우 300인 이하 중소기업일 때 관계중심몰입 수준이 가장 높았다. 마지막으로 교육서비스업, 사업시설 관리·사업지원 및 임대서비스업에 속한 조직의 경우 300-999인 규모일 때 관계중심몰입 수준이 가장 높은 것으로 확인되었다.

의료 및 사회복지 서비스 산업, 교육 서비스 산업은 인간관계와 신뢰가 필수적인 산업이다. 이러한 산업에서 고객은 종종 전문가의 조언이나 지원을 구하는데, 이를 위해서는 높은 수준의 신뢰와 관계 구축이 필요하다. 마찬가지로 금융 및 보험 산업도 고객이 자신의 재정을 위탁하기 때문에 직원과 고객 간에 높은 수준의 신뢰가 필요하다. 예술, 스포츠, 레저 및 제조와 관련된 산업은 제공하는 제품 또는 서비스의 특성으로 인해 관계중심몰입이 높은 것으로 해석할 수 있다. 전문·과학 및 기술 서비스 또는 숙박 및 레스토랑과 같은 소규모 조직에서 높은 수준의 관계중심몰입을 보이는 것은 고객과의 개인적인 관계가 중요하다는 것을 시사한다. 즉, 이러한 산업에서는 고객과의 강력한 관계를 구축하고 유지하는 것이 중요한 부분이다. 예를 들어, 전문 서비스 회사의 고객들은 그들의 전문가와 긴밀하게 협력할 것으로 기대하므로, 신뢰와 소통이 중요한 역할을 한다. 레스토랑의 경우, 고객은 좋은 음식뿐만 아니라 친절한 서비스와 따뜻한 분위기를 기대한다. 이렇게 고객과의 인간관계를 중시하는 산업에서는 끈끈한 유대관계를 구축하고 유지하는 것이 성공의 열쇠가 된다.

유형	300인 이하 (n=901)	300-999인 (n=429)	1,000인 이상 (n=181)	전체
제조업(n=423)	3.83	3.92	**4.01**	3.88
금융 및 보험업(n=103)	3.76	3.95	**4.14**	3.89
출판/영상/방송통신 및 정보서비스업 (n=91)	3.79	3.60	**3.88**	3.74
전문/과학 및 기술 서비스업 (n=140)	**3.85**	3.76	3.65	3.79
교육 서비스업(n=76)	3.89	**3.93**	3.86	3.90
예술/스포츠 및 여가 관련 서비스업 (n=37)	3.86	3.74	**4.12**	3.90

유형	300인 이하 (n=901)	300-999인 (n=429)	1,000인 이상 (n=181)	전체
전기/가스/증기 및 공기 조절 공급업 (n=25)	3.75	3.60	**3.78**	**3.71**
도매 및 소매업(n=132)	**3.86**	3.82	3.75	**3.84**
숙박 및 음식점업(n=57)	**3.83**	3.66	3.31	**3.76**
사업시설 관리/사업지원 및 임대서비스업(n=230)	3.47	**3.70**	3.58	**3.57**
보건업 및 사회복지 서비스업 (n=197)	**3.97**	3.77	3.75	**3.92**
전체	3.81	3.81	3.83	3.81

[표 4] 업종별-기업규모별 관계중심몰입 현황

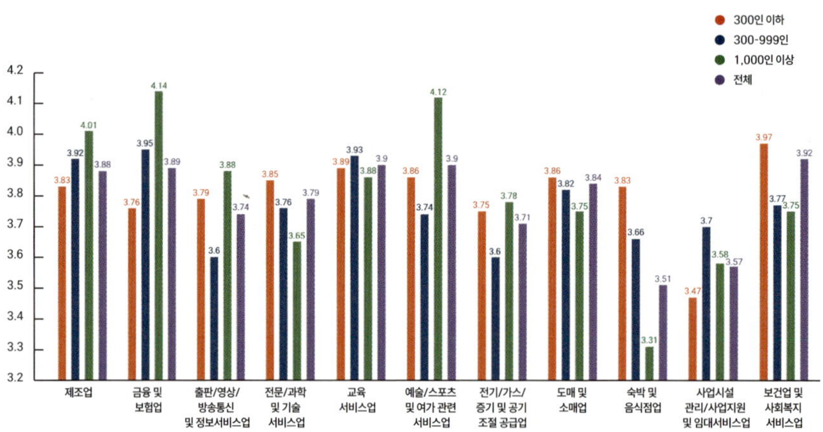

[그림 6] 업종별-기업규모별 관계중심몰입 현황

어떤 산업군에서 가장 높은 수준의 성과중심몰입을 보이나?

· 미연(사원): "지혜씨 들었어요? 이번에 영업 2팀 과장님 실적이 역대 최고라고 하던데요."

· 지혜(사원): "네 완전 부러워요. 이번에 개인 실적보상으로 중형차 받을 수도 있다고 하더라고요. 부러워, 부러워..."

기업에서 직원의 역할 중 하나는 누가 뭐라고 해도 성과 창출이다. 특히나 직원 하나하나의 역량이 성과로 이어지는 산업분야도 많다. 그렇다면 어떤 분야가 성과중심의 몰입이 뛰어날까? 조사결과, 성과가 즉시 보이는 서비스업, 금융, 보험, 도·소매업 등의 산업군이 성과중심몰입에서 두각을 나타냈다.

산업군별로 성과중심몰입 수준을 살펴보면 보건업 및 사회복지 서비스업, 예술·스포츠 및 여가 관련 서비스업, 도매 및 소매업, 금융 및 보험업, 교육 서비스업, 제조업 순으로 평균 이상의 높은 성과중심몰입 수준을 보였다. 반면에 숙박 및 음식점업, 전문·과학 및 기술서비스업, 전기·가스·증기 및 공기 조절 공급업, 출판·영상·방송 통신 및 정보서비스업, 사업시설 관리·사업지원 및 임대서비스업 등은 낮은 성과중심몰입 수준을 보였다.

성과중심몰입의 수준이 평균보다 높은 산업군의 경우, 보람, 성취감 등에 일의 가치를 두는 업무가 포함되어 있다. 금융, 보험, 제조업의 산업에서는 긍정적인 업무환경과 회사 문화가 성과중심몰입을 높이는 것으로 볼 수 있다. 평균보다 점수가 낮은 숙박 및 음식점업, 전문·과학 및 기술서비스업, 사업시설 관리·사업지원 및 임대서비스업은 성과중심몰입에 관여할 수 있는 업무환경이 아니거나 일회성, 혹은 중장기적 사업이기 때문에 점수가 낮을 가능성이 있다. 전기·가스·증기 및 공기 조절 공급업, 출판·영상·방송 통신 및 정보서비스업은 해당 산업이 빠르게 발전하고 시장 변동성이 높기 때문에 낮은 몰입 수준을 보이는 것으로 해석할 수 있다.

산업 분야에서 평균보다 낮은 수준의 성과중심몰입을 보이는 경우, 조직 차원에서 성과중심몰입 중심의 개선책이 마련될 필요가 있다. 이를 위해 개방적인 의사소통, 전문적 성장 지원, 직원 성과 인정, 워크-라이프 밸런스 Work & Life balance 를 고려한 유연한 근무 방식 등을 적용함과 동시에 직원들의 스트레스 관리에도 주력을 다해야 한다. 나아가 직무 역할과 회사의 장기 비전에 대한 명확한 이해를 제공하고, 교육 및 개발에 투자하며, 의사결정 프로세스에서 직원의 의견을 적극

수용하는 등의 방법을 통해 조직의 성공에 대한 직원몰입을 강화할 수 있다.

다음으로 산업군별로 기업규모에 따른 성과중심몰입 특성을 살펴보면, 제조업과 금융 및 보험업, 출판·영상·방송통신 및 정보서비스업은 1,000인 이상 조직규모일 때 성과중심몰입 수준이 가장 높았고, 전문·과학 및 기술서비스업, 교육 서비스업, 전기·가스·증기 및 공기 조절 공급업, 도매 및 소매업, 숙박 및 음식점업, 사업시설 관리·사업지원 및 임대서비스업, 보건업 및 사회복지 서비스업은 300인 이하 중소기업일 때 성과중심몰입 수준이 가장 높았다. 또한, 예술·스포츠 및 여가 관련 서비스업은 300-999인 조직규모일 때 성과중심몰입 수준이 가장 높은 것으로 확인되었다. 제조업과 금융업 및 보험업, 출판·비디오·방송통신 및 정보서비스 산업과 같은 대규모 조직은 타 분야에 비해 구조적이고 계층적인 조직이다. 이러한 대규모 조직에서는 명확한 역할 및 책임에 기반한 시스템이 구성되어 있고, 직원 교육, 전문성 개발, 지원 시스템 및 복지에 많은 투자를 함으로써 직원들의 높은 몰입 수준에 기여한다. 소규모 조직인 경우에 더욱 협력적이고 포용적인 문화를 가질 가능성이 높은 산업군으로는 전문·과학 및 기술 서비스업, 교육서비스업, 전기·가스·증기 및 공기 조절 공급업, 도매 및 소매업, 숙박 및 음식점업, 사업시설 관리·사업지원 및 임대서비스업, 보건업 및 사회복지 서비스업 등이 있다. 이러한 소규모 조직에서는 상사 및 동료 지원들 간의 끈끈한 관계중심몰입을 바탕으로 성과중심몰입이 강화된다.

다양한 산업에서 수행되는 업무 유형도 성과중심몰입에 영향을 준다. 예를 들어, 교육 서비스, 도소매업, 숙박업, 음식점업 등의 산업군 중 300명 미만의 중소기업에서 근무하는 종사자들은 자신이 속한 지역사회와의 연관성이 높다고 느낄 경우, 관계성을 바탕으로 한 성과중심몰입에 더욱 집중할 수 있다. 높은 수준의 성과중심몰입은 다양한 산업 그룹과 조직 규모에 걸쳐 발생할 수 있으며, 조직 구조와 문화, 사용 가능한 자원, 지원 시스템, 업무 특성, 직원의 자율성 등 다양한 요인이 그 형성에 영향을 준다.

유형	300인 이하 (n=901)	300-999인 (n=429)	1,000인 이상 (n=181)	전체
제조업(n=423)	3.56	3.58	**3.61**	3.57
금융 및 보험업(n=103)	3.38	3.77	**3.96**	3.60
출판/영상/방송통신 및 정보서비스업(n=91)	3.39	3.15	**3.74**	**3.35**
전문/과학 및 기술 서비스업 (n=140)	**3.52**	3.51	3.34	**3.49**
교육 서비스업(n=76)	**3.66**	3.65	3.29	3.59
예술/스포츠 및 여가 관련 서비스업 (n=37)	3.71	**3.76**	3.65	3.70
전기/가스/증기 및 공기 조절 공급업 (n=25)	**3.50**	3.36	3.45	**3.44**
도매 및 소매업(n=132)	**3.64**	3.63	3.61	3.63
숙박 및 음식점업(n=57)	**3.63**	3.30	2.93	**3.51**
사업시설 관리/사업지원 및 임대서비스업(n=230)	**3.36**	3.31	3.22	**3.32**
보건업 및 사회복지 서비스업 (n=197)	**3.86**	3.49	3.58	3.79
전체	3.58	3.50	3.51	3.55

[표 5] 업종별-기업규모별 성과중심몰입 현황

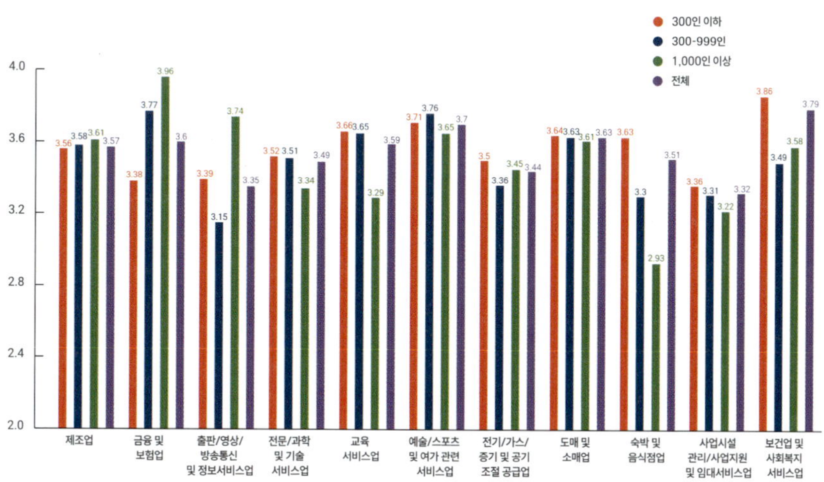

[그림 7] 업종별-기업규모별 성과중심몰입 현황

06 직군별 몰입 이야기 : 직군과 기업규모의 차이

직무유형과 회사의 규모에 따라 관계중심몰입에 차이가 있을까?

· 중소기업: "우리 회사 영업팀은 평소 소통이 강조돼서인지 서로 친하게 맥주 한 잔씩도 해요."

· ㅇㅇㅇ전자: "그런 것은 좀 부럽네요... 우리는 아마 퇴사할 때까지 얼굴도 모르는 직원이 대부분일 듯."

직장인들의 익명 커뮤니케이션 서비스 '블라인드'의 대화를 살펴보면 종종 이런 이야기들이 오고 간다. 이렇듯 직군유형과 기업규모별로 관계중심몰입과 성과중심몰입은 다르게 나타날 수밖에 없다. 그렇다면 구체적으로 직무 유형 및 기업규모에 따라 직원들이 보이는 몰입 양상에는 어떠한 차이가 나타날까?

HEI인적자원몰입패널 조사에서는 참여한 직원들의 직무를 연구개발직군, 영업판매직군, 생산품질직군, 경영지원직군과 같이 총 4개의 대분류로 범주화하여 직군별 몰입 수준을 분석했다. 조사 결과에 따르면, 영업판매직군의 관계중심몰입이 가장 높았고, 연구개발직군이 가장 낮았다. 생산품질직군과 경영지원직군은 중간 수준을 보였다. 기업규모를 고려한 결과, 연구개발직군의 경우 1,000인 이상 조직의 직원이 중소기업 및 중견기업보다 관계중심몰입이 낮았다. 영업판매직군은 1,000인 이상 조직의 직원이 더 높은 관계중심몰입을 보였다. 생산품질직군과 경영지원직군은 기업규모에 따른 차이가 크지 않았다.

예를 들어서, 화훼단지에서 일하는 네 그룹이 있다고 가정해보자. 첫 번째 그룹 영업판매 은 꽃 판매를 담당하고, 두 번째 그룹 연구개발 I 은 더 나은 꽃 품종을 연구하고 개발하는 역할을 담당하며, 세 번째 그룹 생산품질 은 꽃의 품질을 보장하고, 네 번째 그룹 연구개발 II 은 꽃의 품질을 관리한다. 화훼단지 회사 경영지원 는 전체 운영을 조정하고 지원하는 데 도움을 준다. 이 화훼단지에서 첫 번째 그룹 영업판매 은 고객과의 소통 능력에 따라 성공이 좌우되기 때문에 관계 구축에 가장 전념하게 된다. 두 번째 그룹 연구개발 I 과 네 번째 그룹 연구개발 II 은 연구와 혁신에 더 집중하기 때문에 상대적으로 관계에 대한 몰입 수준이 가장 낮게 나타난다. 생산품질, 경영지원 그룹은 그 두 그룹 사이에서 움직이기 때문에 중간 수준의 관계중심몰입을 가지게 된다. 화훼단지의 크기를 고려한다면 단지에서 일하는 연구개발 그룹은 작은 화훼단지에서 일하는 연구개발 그룹보다 관계에 덜 집중하게 된다. 조직이 커질수록 전문적인 역할을 하는 분야가 많아지기 때문에 다른 직원과의 상호작용이 적어지기 때문이다. 대조적으로, 넓은 단지에서 영업판매 그룹은 더 넓은 고객 기반과 강력한 연결을 해야 성공할 수 있기 때문에 고객 또는 동료 간 관계구축에 더욱 힘쓸 수밖에 없다.

유형	300인이하 (n=742)	300-999인 (n=407)	1,000인이상 (n=165)	전체
연구개발직군(n=116)	3.80	3.79	3.44	**3.77**
영업판매직군(n=306)	3.84	3.85	**3.98**	**3.86**
생산품질직군(n=262)	3.81	3.86	3.82	3.82
경영지원직군(n=630)	3.83	3.79	3.82	3.82
전체	3.82	3.82	3.83	3.82

[표 6] 직무별-기업규모별 관계중심몰입 현황

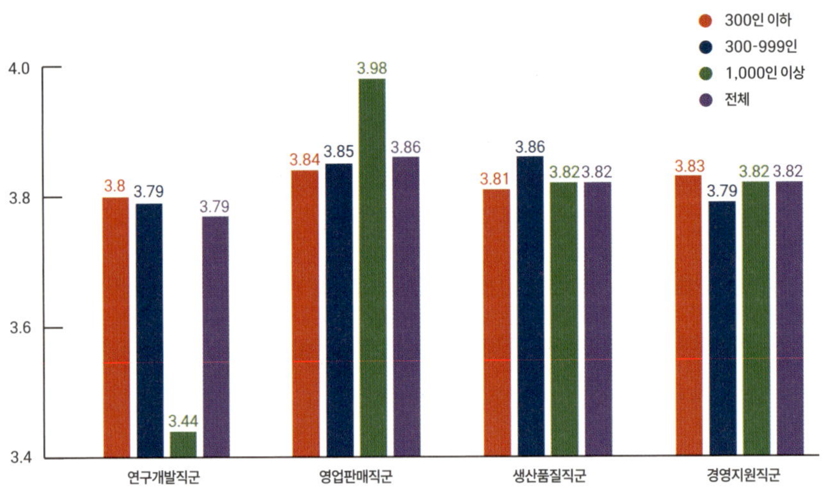

[그림 8] 직무별-기업규모별 관계중심몰입 현황

직무유형과 회사의 규모에 따라 성과중심몰입에 차이가 있을까?

·지혜(사원): "영업 3팀에 김팀장님 이야기 들었어? 이번에 성과급이 연봉보다 더 많다고 하더라."

·미연(사원): "인정. 충분히 그럴만하지. 영업 3팀 전체 성과도 거의 최고이고, 개인 성과도 아마 최고일걸? 진짜 일당백이시잖아."

성과급이란 말 그대로 기업이나 개인의 성과에 따라서 주어지는 금전적인 이익을 뜻한다. 성과에 따른 금전적인 이익을 누릴 수 있는 직업군은 어떤 직업군일까? 그렇다 바로 영업이다.

HEI인적자원몰입패널의 직무 유형별 성과중심몰입 현황을 분석한 결과 연구개발직군은 가장 낮은 수준의 성과중심몰입을 보였고, 영업판매직군은 가장 높은 수준을 보였다. 생산품질직군과 경영지원직군은 두 직군 사이에 위치해있었다. 기업규모별로 확인한 결과, 1,000인 이상 조직의 연구개발직군 직원은 중소기업 및 중견기업 직원에 비해 성과중심몰입이 낮았다. 영업판매직군에서는 1,000인 이상 조직의 직원이 더 높은 수준의 성과중심몰입을 보였다. 생산품질직군과 경영지원직군은 기업규모에 따른 차이가 크지 않았다.

앞서 관계중심몰입에서 언급되었던 화훼단지에서 일하는 네 그룹을 예로 생각해보자. 첫 번째 그룹 영업판매 은 꽃 판매를 담당하고, 두 번째 그룹 연구개발 I 은 더 나은 꽃 품종을 연구하고 개발하는 역할을 담당하며, 세 번째 그룹 생산품질 은 꽃의 품질을 보장하고, 네 번째 그룹 연구개발 II 은 꽃의 품질을 관리한다. 화훼단지 회사 경영지원 는 전체 운영을 조정하고 지원하는 데 도움을 준다. 첫 번째 그룹 영업판매 은 고객과의 소통 능력에 따라 성공이 좌우되고 판매 실적이 성과로 평가받게 되어 성과중심몰입이 높게 나오는 경향이 있다. 두 번째 그룹 연구개발 I 과 네 번째 그룹 연구개발 II 은 직무의 특성으로 인해 상대적으로 낮게 나오는 경향이 있다. 화훼단지의 크기를 고려한다면 단지에서 일하는 연구개발 그룹은 작은 화훼단지에서 일하는 연구개발 그룹보다 성과중심몰입에 덜 집중하고 있음을 확인할 수 있다.

유형	300인이하 (n=742)	300-999인 (n=407)	1,000인이상 (n=165)	전체
연구개발직군(n=116)	3.53	3.53	2.92	**3.47**
영업판매직군(n=306)	3.61	3.62	**3.75**	**3.63**
생산품질직군(n=262)	3.53	3.48	3.48	3.51
경영지원직군(n=630)	3.57	3.45	3.52	3.53
전체	3.57	3.50	3.53	3.54

[표 7] 직무별-기업규모별 성과중심몰입 현황

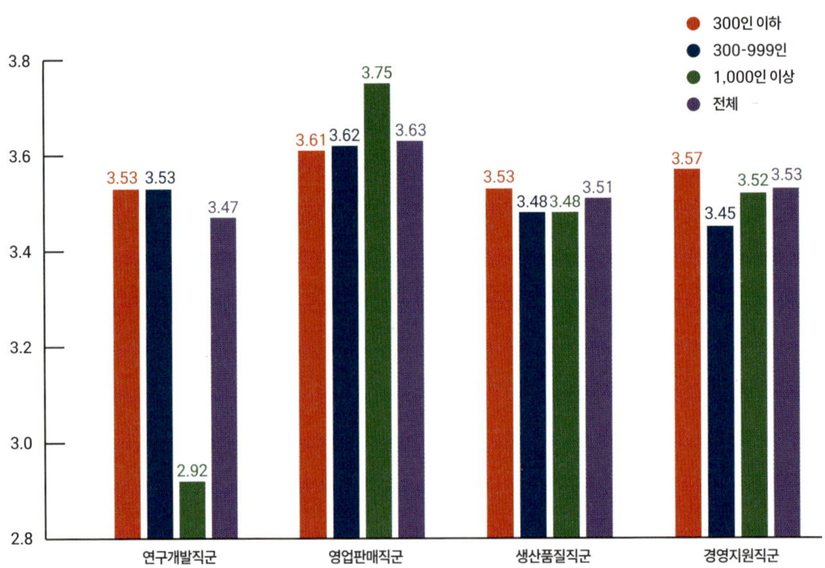

[그림 9] 직무별-기업규모별 성과중심몰입 현황

CHAPTER 03

몰입의 효과 : 몰입이 기업을 움직인다

1. 몰입하면 직무성과가 높아진다
2. 몰입하는 직원은 혁신행동을 한다
3. Stay or Quit, 몰입하면 이직률이 낮아진다
4. 갓생살기와 번아웃 사이, 몰입하면 번아웃과 멀어진다
5. 몰입하는 직원은 자신의 경력에 만족감을 느낀다
6. 몰입하는 직원은 함께하는 행복을 안다

20000
15000
10000
5000
0

01 몰입하면 직무성과가 높아진다

· 지혜(사원): "벌써 퇴근 시간이 다가오네! 오늘 일 얼른 끝내야겠다."

· 미연(사원): "네네 이제부터는 더 집중해서 일하고, 우리 정시에 퇴근해요!"

퇴근 시간이 다가오면 갑자기 몰입하게 되는 경우가 있다. 특히, 퇴근 전까지 완료해야 하는 작업이 있다면 몰입 수준은 더욱 높아진다. 우리나라 기업 직원들은 몰입하면 직무성과가 좋아진다고 인식하고 있을까? 이에 대한 답을 HEI인적자원몰입패널에서는 유형별 직무성과 수준에 대한 차이에서 구할 수 있다.

관계중심몰입의 하위 25% 수준인 직원의 직무성과 수준은 보통 미만이었으나 관계중심몰입 상위 25% 수준인 직원의 직무성과 수준은 보통 이상의 수준이었다. 관계중심몰입에 비해 성과중심몰입의 영향은 상대적으로 낮게 나타났지만, 성과중심몰입과 직무성과의 관련성은 유사한 결과가 나타났다. 관계중심몰입과 성과중심몰입 모두 몰입수준이 높아지면, 직원의 직무성과 역시 증가하는 경향을 보였다.

예를 들어 회사에서 업무에 늘 몰두하는 자세를 보이는 동료가 어떠한지 생각해 보라. 직무몰입 수준이 높은 직원은 자신의 업무에 열정적으로 임하며, 성과 달성에 기여할 수 있는 생산적인 일을 스스로 찾아서 하지 않는가? 결과적으로 그들은 덜 몰입한 직원에 비해서 더 높은 업무성과를 가질 수밖에 없다.

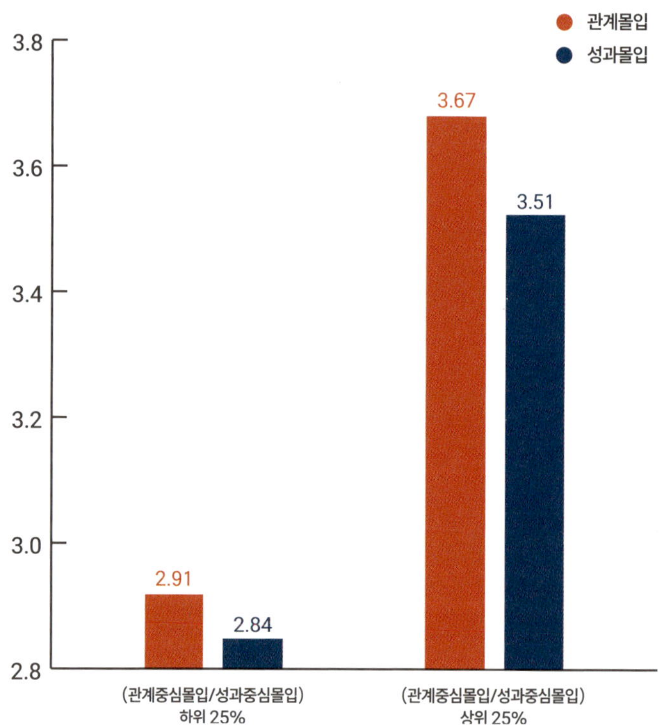

[그림 1] 직원몰입 수준별 직무성과 차이

02 몰입하는 직원은 혁신행동을 한다

· 재진(과장): "과장님. 영업 1팀이랑 저희 서비스 1팀이랑 공동으로 이 프로젝트 진행할까 하는데, 영업 1팀에 새로운 아이디어를 잘 내고 실천도 잘 하는 직원이 있을까요?"

· 석진(과장): "아 저희 팀에 민지 사원 있어요. 과장님처럼 아이디어 내는 것을 좋아하고 몰입도 잘하는 스타일이라서 잘할 것 같아요."

스페이스X SpaceX는 세계적으로 유명한 전기차 제조업체 테슬라의 CEO 일론 머스크Elon Musk가 설립한 우주 탐사 기업으로, 민간 우주 탐사의 선두 주자로 알려져 있다. 또한 스페이스X는 엔지니어들과 과학자들이 높은 수준의 몰입을 통해 업무에 임할 수 있는 환경을 조사하는 것으로 유명하다. 이러한 스페이스X의 몰입 환경 조성은 재사용 가능한 로켓인 '팰컨 9'과 '팰컨 헤비'의 성공적인 발사라는 우주 산업의 혁명적 결과로 이어졌다. 혁신을 일으킨 스페이스X의 대표적인 직원몰입 제도는 다음과 같다.

1. **목표 중심의 업무 관리:** 스페이스X는 명확한 목표와 일정 계획을 통해 직원들이 무엇을 달성해야 하는지 분명히 알 수 있도록 했다. 예를 들어, '스타십' 프로젝트의 경우, 특정 날짜까지 시제품을 완성하고 테스트를 수행해야 하는 목표가 설정된다. 이를 통해 팀원들은 구체적인 목표를 향해 집중할 수 있다.
2. **개방적 소통 문화:** 스페이스X는 직급에 관계없이 자유롭게 의견을 교환할 수 있는 문화를 조성했다. 엔지니어들은 자신의 아이디어와 문제 해결 방안을 직접 CEO인 일론 머스크와 논의할 수 있다. 이런 개방적인 소통 환경은 혁신적인 아이디어가 자유롭게 공유되고 빠르게 실행될 수 있도록 돕는다.
3. **유연한 근무 환경:** 스페이스X는 유연한 근무 시간을 제공하여 직원들이 가장 생산적인 시간대에 일할 수 있도록 했다. 또한, 필요에 따라 재택근무를 허용해 직원들이 최상의 업무 환경에서 일할 수 있게 하였다. 이러한 유연성은 업무에 몰입할 수 있는 여건을 마련하였다.
4. **집중 업무 시간:** 스페이스X는 특정 시간대에는 회의를 최소화하고, 방해 요소를 줄여 직원들이 집중적으로 업무에 몰두할 수 있도록 했다. 예를 들어, 매주 특정 시간을 '회의 없는 시간'으로 정해 팀원들이 업무에만 집중할 수 있게 하였다.

몰입하는 직원들이 실제로도 혁신적일까? 자신의 일에 몰입하는 사람이 좀 더 창의적이면서 혁신적이라고 여겨지는 일반적인 경향이 옳은 것일까? 혁신innovation은 '안에서 밖으로'를 뜻하는 in과 '새롭다'를 뜻하는 nova가 결합된 단어로 보이지 않는 안에서부터 시작해서 보이는 겉까지 변화하는 것으로 이해할 수 있다. 즉, 무조건 새로운 것을 만들어 내는 것만이 혁신은 아니며 이미 기존에 가지고 있던 것에서 잠재력을 더 높여 더 나은 가치를 창출하는 것, 혹은 아무것도 아닌 것에서 가치를 창출하는 것도 혁신이다. 이러한 점에서 혁신은 기업에서 성과 달성을 위한 필수 불가결한 요소로 여겨진다.

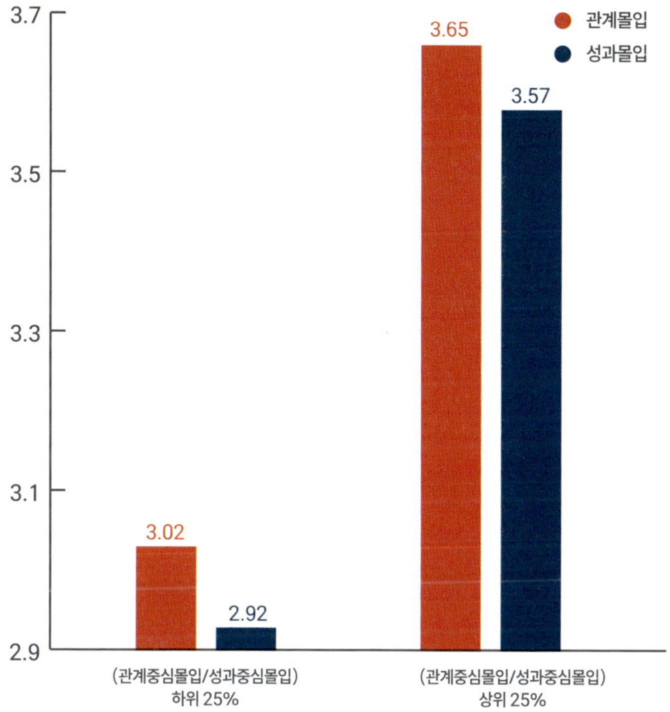

[그림 2] 직원몰입 수준별 혁신행동 차이

그렇다면 국내 기업 직원들의 혁신행동은 몰입과 관련 있을까? 궁금점을 해결하기 위해 직원몰입 유형별로 혁신행동 수준을 확인해보았다. 조사 결과, 관계중심몰입 하위 25% 수준인 직원의 혁신행동 수준은 보통 수준인 데에 비해 관계중심몰입 상위 25% 수준인 직원의 혁신행동 수준은 보통 이상의 수준인 3.65점으로, 그 차이가 확연했다. 혁신행동과 성과중심몰입의 경우도 비슷한 양상을 보였다. 하위 25% 수준인 직원의 혁신행동은 보통 미만 수준이었으나, 상위 25% 직원의 혁신행동은 보통 이상의 수준인 3.57점으로 나타났다. 결론적으로 관계중심몰입과 성과중심몰입 모두에서 몰입 수준이 높을수록 혁신행동이 증가하는 경향을 보였다.

애플과 삼성은 직원몰입을 우선시하여 혁신과 창의성을 이끌어낸 대표적인 사례로 들 수 있다. 애플은 체력 단련 시설, 무료 식사, 경력개발 기회 등 여러 지원 제도를 마련하고, 삼성도 직원들에게 체력 단련 시설과 전문성 개발 기회 등 다양한 혜택을 제공하여 업무에 몰입할 수 있는 환경을 조성했다. 이러한 환경은 직원들이 업무에 집중할 수 있게 해주며, 직원 간 협력 및 아이디어 공유의 문화를 촉진하여, 업무에 몰입하면서 혁신행동을 보여주는 인재를 양성하는 데에 기여한다. 이들 기업은 직원 친화적인 업무환경을 조성하고 개인 성장과 웰빙에 집중함으로써, 직원 간 협업과 커뮤니케이션을 촉진하고, 직원들의 창의력과 동기를 강화하여 더 큰 성공과 성장을 이룩하였다.

03 Stay or Quit, 몰입하면 이직률이 낮아진다

· 재진(과장): "부장님 근속 15년 축하드립니다."

· 유원(부장): "벌써 15년이라니 시간 참 빠르네요. 지금까지의 시간을 함께해 준 모두들 덕분이죠. 내가 퇴직할 때까지 우리 오래도록 같이 잘 지내요."

취업 및 기업 정보 사이트인 잡플래닛에 들어가 보면 "팀원이 좋아서 회사를 버틴다" 혹은 "팀 분위기가 좋아서 회사를 계속 다닌다"는 후기를 종종 볼 수 있다. 이는 조직 내 관계나 동료의 행동 혹은 태도가 이직 의도에 큰 영향을 미칠 수 있음을 보여준다. 또한, 직장인들의 익명 커뮤니티인 블라인드에서도 "팀원 때문에 참는다" 혹은 "팀장 때문에 이직하게 됐다"는 내용을 볼 수 있다. 그렇다면 직원몰입과 이직의도 사이에는 어떤 관계가 있을까?

직원몰입과 이직의도 간의 연관성을 알아보기 위하여 관계중심몰입과 성과중심몰입별로 이직의도 수준의 차이가 있는지를 확인하였다. 그 결과 관계중심몰입과 성과중심몰입 모두에서 몰입수준이 높아지면, 직원의 이직의도 수준이 떨

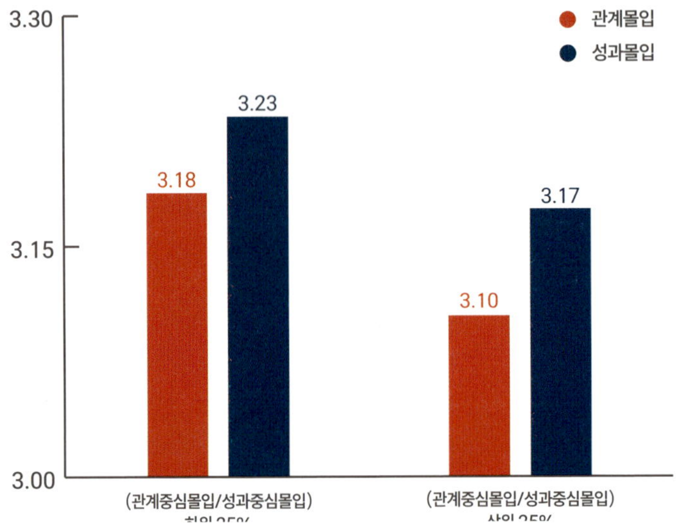

[그림 3] 직원몰입 수준별 이직의도 차이

어지는 결과를 보였다. 구체적으로 살펴보면, 관계중심몰입 수준이 하위 25%인 직원의 이직의도는 3.18점이었는데 반해 관계중심몰입 상위 25% 수준인 직원의 이직의도는 3.10점이었다. 성과중심몰입의 경우도 유사한 양상을 보였다. 성과중심몰입이 하위 25% 수준인 직원의 이직의도는 3.23점이었는데 반해 성과중심몰입 수준이 상위 25% 직원의 이직의도는 3.17점으로 분석되었다. 이를 통해 관계중심몰입과 성과중심몰입의 두 유형 모두에서 몰입 수준이 증가할수록 이직 의도가 감소한다는 것을 알 수 있다. 즉, 동료와의 관계에 몰입하고 업무에서 좋은 성과를 내기 위해 노력하는 직원일수록 본인이 몸담고 있는 조직을 떠날 수 있는 가능성이 줄어든다는 것이다. 기업은 이러한 결과를 활용하여 직원의 이직의도를 줄일 수 있도록 위해 몇 가지 전략을 도입할 수 있다.

예를 들어, 기업은 팀워크 강화, 팀 빌딩 활동 제공, 동료 및 상사 간 커뮤니케이션 및 협업을 촉진하는 등 조직 내에 끈끈한 관계를 형성하고 구성원 간의 유대감이 남다른 문화를 조성할 수 있다. 이는 결과적으로 직원의 관계중심몰입을 높여 이직 의도를 감소시킬 수 있다. 또한, 성과와 목표 달성에 중점을 두어 구체적이면서 명확한 기대치 설정, 정기적인 피드백 및 인정 제도 강화, 기술skill 개발 및 경력 성장 기회를 제공하는 등으로 성과중심몰입의 증진을 도모할 수 있다. 다시 말해 기업은 관계중심몰입, 성과중심몰입을 촉진하는 활동과 제도를 적극적으로 도입하여 직원의 이직의도를 줄이고 만족스럽고 행복하게 오래 잘 다닐 수 있는 조직문화를 구축하여 조직의 장기적인 성공에 기여할 수 있다.

04 갓생살기와 번아웃 사이, 몰입하면 번아웃과 멀어진다

· 유원(부장): "재진 과장님 피곤하지 않으세요? 그렇게 계속 일하면 몸 상할 텐데 걱정되네요."

· 재진(과장): "아 부장님 괜찮습니다. 좀 피곤하긴 해도 팀원들도 다 같이 힘내며 열심히 하고 있어서 컨디션이 완전히 가라앉지는 않네요. 끝나고 팀원들이랑 좋은 곳으로 밥 먹으러 가시죠."

회사에서 당신의 팀장이 이렇게 말하면 과연 실제로 힘이 날까. 마틴 셀리그만Martin E. P. Seligman이 창시한 긍정심리학에서는 긍정적인 감정, 성격의 감정, 지속적으로 지지함 등이 개인의 성장을 촉진하는 데 중요하게 작용한다고 말한다. 팀 스포츠에서 흔히 볼 수 있는 "아자아자! 힘내자!"와 같은 격려와 지지 표현은 회복력 강화, 동기 부여, 성공 창출을 이끌어낸다. 따라서 긍정적인 정서를 바탕으로 구성원이 서로 격려하면서 무언가를 함께하고 있다는 유대 관계를 형성할 수 있는 문화를 조성해야 할 필요가 있는 것이다.

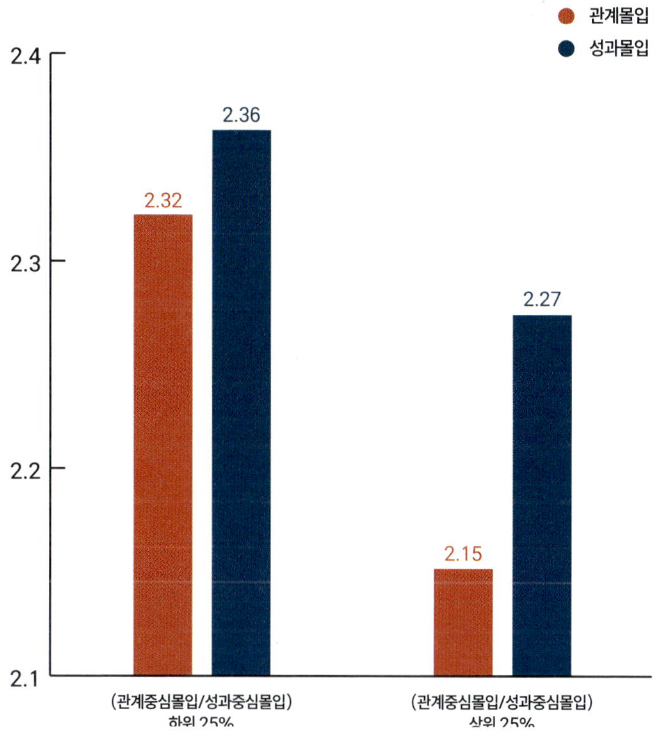

[그림 4] 직원몰입 수준별 직무소진 차이

몰입에 반대되는 개념으로 흔히 언급되는 직무소진 번아웃증후군은 신체적·정신적인 극도의 피로감으로 인해 무기력증, 자기혐오, 업무 거부 등에 빠지는 증상을 의미하며 에너지를 태워버려 소진된 듯한 상태를 말한다. 직무 수행과정에서 감정소진으로 인해 스트레스를 받게 되면 자신이 담당한 업무에 있어 관심과 열정을 잃게 되고 더 나아가서 상실감과 피로감이 누적된다. 이는 결국 자아성취감 저하 및 업무성과 하락을 초래한다.

직원몰입에 따른 직무소진의 차이를 살펴본 결과, 관계중심몰입과 성과중심몰입 모두에서 몰입수준이 높아지면, 직원의 직무소진 수준이 감소하는 것으로 밝혀졌다. 구체적으로 관계중심몰입 수준이 하위 25%인 직원의 직무소진은

2.32점인 데 반해 관계중심몰입 수준이 상위 25%인 직원의 직무소진은 2.15점으로 나타났다. 성과중심몰입의 경우도 하위 25% 수준인 직원의 직무소진은 2.36점이었으나 상위 25% 직원의 직무소진 수준은 2.27점으로 확인되었다. 다시 말하면, 동료와의 관계에 몰입하면서 긍정적인 유대 관계를 형성하려고 노력하고, 업무에서 좋은 성과를 거두기 위해 적극적으로 몰입하는 직원이 직장에서 직무소진을 경험할 가능성이 적다는 것을 의미한다.

기업의 프로젝트 매니저 A와 매니저 B를 예로 들어보자. 매니저 A는 관계중심몰입이 높아 동료들과 친밀한 관계를 형성하고 다른 사람들과 협업하는 것을 중요하게 여긴다. 매니저 B는 성과중심몰입이 높아 업무 목표를 달성하여 좋은 결과를 내려는 의욕이 높다. 매니저 A의 경우 직장 동료들과의 관계가 더욱 돈독해지면 직무소진 수준이 낮아지고, 매니저 B의 경우 업무에서 더 나은 결과를 얻을 수 있다면 직무소진에 빠질 가능성이 감소할 것이다. 즉, 두 직원 모두 각자의 특성에 따라 몰입수준을 높임으로써 직무소진의 가능성을 잠재적으로 줄일 수 있다. 이는 긍정적인 업무환경을 조성하고 직무 안정감을 높이기 위한 차원에서 기업이 직원의 관계중심몰입과 성과중심몰입을 촉진하는 다양한 지원을 제공한다면, 직원들의 사기 증진 및 이탈 방지에 긍정적인 성과를 거둘 수 있음을 의미한다.

05 몰입하는 직원은 자신의 경력에 만족감을 느낀다

· 재진(과장): "지선 대리님은 경력이 있으셔서 그런지 업무 적응력이 좋으시네요."

· 지선(대리): "제가 좋아하는 일이라서 실무 경험을 많이 쌓았던 게 도움이 되네요."

기업에서 경력직을 뽑는 이유는 여러 가지가 있겠지만, 그중에서도 빠르게 적응하고 업무에 신속하게 몰입하기 때문인 이유가 가장 클 것이다. 또한 다양한 경험에서 쌓은 자신의 경력에 대한 긍정적 자신감은 조직에 몰입할 수 있는 원동력으로도 작용한다. 경력만족은 개인이 자신의 경력 및 관련 경험에 대해 성공적으로 지각하는 정도를 뜻한다. 구체적으로는 자신의 경력에 대한 전반적 평가, 경력 목표 달성 수준, 연봉 및 지위, 새로운 기술 및 능력 개발에 대한 만족감을 의미한다.

직원몰입이 직원들의 경력만족에 어떠한 영향을 주는지를 살펴보고자 몰입 유형별로 경력만족 수준을 분석하여 확인하였다. 그 결과 관계중심몰입과 성과중심몰입의 수준이 높아지면, 직원이 인식하는 그들의 경력에 대한 만족 수준 또한

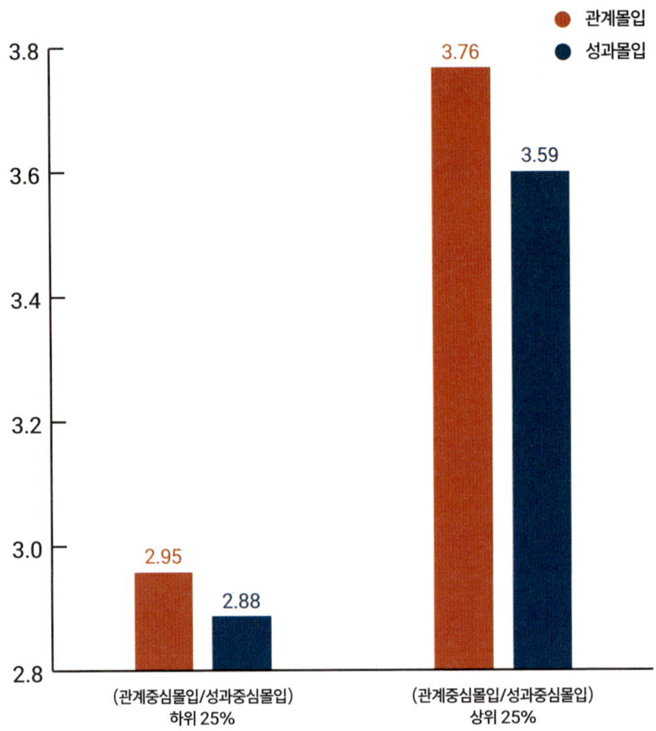

[그림 5] 직원몰입 수준별 경력만족 차이

증가하는 것으로 나타났다. 구체적으로 관계중심몰입 수준이 하위 25%인 직원의 경력만족은 보통 이하 2.95점인 것에 반해 관계중심몰입 수준이 상위 25%인 직원의 경력만족도는 보통 이상 3.76점 으로 다소 큰 차이를 보였다. 성과중심몰입의 경우도 하위 25% 수준인 직원의 경력만족도는 2점대였으나 상위 25% 직원의 경력만족도는 3점대로 확인되었다. 정리하자면 관계중심몰입과 성과중심몰입 수준이 높아질수록 개인의 경력만족도 역시 높아진다. 이는 동료와의 관계 형성에 적극적이고 업무에서 좋은 성과를 거두기 위해서 몰입하는 직원이 본인의 경력 전반과 직무 역할에도 만족할 가능성이 크다는 것을 의미한다.

06 몰입하는 직원은 함께하는 행복을 안다

· 지혜(사원): "우리 내일까지 프로젝트 A 마무리해야 해... 알지?"

· 미연(사원): "응.. 오늘 야근할 거야? 같이 야근해서 오늘 마무리하고 집에 가자."

혼자 야근하기 싫을 때, 야근은 싫지만 그래도 이왕 해야 한다면 마음에 맞는 동료와 함께 하는 것이 한결 마음이 편하다. 친사회적 행동은 타인의 사고와 감정을 이해하고 타인에게 도움이 되는 자발적인 행동이다. 낸시 아이젠버그 Nancy Eisenberg는 친사회적 행동을 '돕기, 나누기, 위로하기, 협동하기 등의 좁은 범위에서부터 다른 사람에게 관심 보이기, 배려하기 등의 좀 더 넓은 범주에 이르기까지 타인을 돕거나 도우려는 의도를 가진 자발적인 행동'으로 정의한다. 그렇다면 몰입이 이런 친사회적 행동에도 영향을 줄까?

직원몰입 수준에 따라 동료들을 돕거나 도움을 주려는 자발적인 행동 수준이 달라지는지를 파악하기 위해 몰입 유형에 따른 친사회적 행동 수준 차이를 조사했다. 결과적으로 관계중심몰입과 성과중심몰입 모두에서 몰입수준이 증가할수

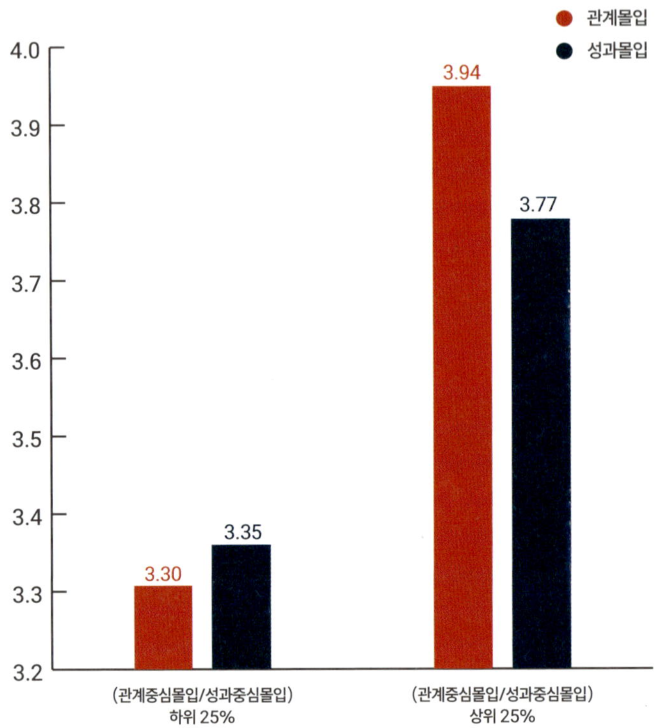

[그림 6] 직원몰입 수준별 친사회적 행동 차이

록 친사회적 행동 수준도 증가하는 것으로 나타났다. 구체적으로 관계중심몰입 수준이 하위 25%인 직원의 경우 친사회적 행동 수준이 3.30점이었지만, 상위 25% 수준인 직원의 경우 3.94점이었다. 이는 성과중심몰입에서도 유사한 경향을 보였다. 성과중심몰입 수준이 하위 25%인 직원의 친사회적 행동 수준은 3.35점이었으나, 상위 25% 수준의 직원은 3.77점으로 친사회적 행동 수준이 더 높은 것으로 분석되었다. 즉, 몰입수준이 낮은 직원보다 몰입수준이 높은 직원이 더 자발적으로 자신의 조직과 동료들을 위해 헌신하는 경향을 보이는 것을 확인할 수 있다.

친사회적 행동이란 동료를 돕거나 조직에 기여하는 것과 같이 개인이 다른 사람에게 이익이 되도록 자발적으로 취하는 행동을 말한다. 관계중심몰입과 성과중심몰입이 친사회적 행동에 정적인 영향을 미치는 것으로 나타났다는 것은 동료와의 관계 형성에 능동적이고 좋은 성과를 거두기 위해 더 몰입하는 직원일수록 친사회적 행동을 할 가능성이 더 크다는 것을 의미한다.

친사회적 행동 수준이 비슷한 경우 관계중심몰입이 높은 직원과 성과중심몰입이 높은 직원이 각각 어떠한 행동 특성을 보이는지는 다음과 같은 예시를 통해 이해할 수 있다. 관계중심몰입 수준이 높은 직원 A는 동료들과 강한 관계를 중요시하고 협업하여 일을 잘 수행한다. 성과중심몰입이 높은 직원 B는 좋은 결과를 내고 업무 목표를 달성하려는 의욕이 높다. 직원 A의 경우 동료와의 관계가 더욱 친밀해지고 돈독해질수록 친사회적 행동 수준이 향상될 가능성이 크고, 직원 B는 업무에서 더 나은 성과를 달성하기 위해 노력하면서 친사회적 행동 수준이 증가할 가능성이 크다. 결국, 두 직원 모두 각자의 특성에 따라 높은 몰입수준을 보여줌으로써 팀워크 향상과 조직의 성과에 긍정적인 영향을 미치는 친사회적 행동이 가능하다는 것을 알 수 있다.

CHAPTER 04

기업에서 몰입 지원을 위해 알아야 할 N가지

○

01 맹모삼천지교 : 몰입을 바꾸는 것은 의지가 아닌 환경

· 지선(대리): "선배. 지금 다니는 회사는 정규직이고 안정적이긴 해도 일이 안 맞으니까 아무런 의욕이 안 생겨요. 이직을 준비해야 하니 고민 중이에요."

· 재진(과장): "그래? 그럼 우리 회사로 와. 분위기나 일이 너한테 좀 더 잘 맞을 수 있어."

사람들은 자신의 개인적인 취향, 가치관, 문화적인 규범 등을 공유하고 공감할 수 있는 사람들과 함께하는 환경에서 안정감을 느끼게 된다. 이는 친숙함과 정서적 안정감이 밀접한 관련이 있음을 보여준다. 우리는 자연스럽게 예측 가능한 안전한 환경을 추구하고자 노력한다. 업무환경에서도 이러한 원칙은 유효하다. 직원들은 자신이 맡은 역할에 대한 인식과 업무 적합성에 따라 각기 다른 양상의 참여와 몰입도를 보인다. 이는 직원이 주변 환경과 사람들 사이에서 적합성을 느낄 때 더욱 강화된다.

환경적합성 environment fit 이란 조직 내 구성원이 주변 환경과 어우러져 조화를 이루는 정도를 의미하는 중요한 개념으로 개인의 내재된 가치관, 인간관계, 그리고 맡은 업무 등에 따라 다양하게 나타난다. 조직 내 구성원으로서 갖게 되는 지위에 따라 조직적합성organization fit, 직무적합성job fit, 상사적합성person-supervisor fit 그리고 동료적합성group fit과 같은 유형으로 다시 구분된다.

조직적합성은 개인과 조직 간의 상호적합성을 의미하며, 개인이 조직을 선택할 때 가장 먼저 고려하는 부분이다. 담당업무에 대한 적응 능력과 주변 구성원과의 관계 등에 의해 결정된다. 직무적합성은 개인의 특성이라 할 수 있는 직무역량, 심리적 욕구 등과 담당 직무의 요구 사항 사이의 적합성을 뜻한다. 직무적합성이 높은 직무에 배치된 직원은 자신의 역량을 더욱 효과적으로 발휘할 수 있으며, 조직에 대한 헌신과 몰입을 증진할 수 있다. 상사적합성은 개인과 상사 간의 적합성, 즉 사회적·대인적 환경적합도를 의미한다. 상사에 대한 만족도는 조직 적응 및 만족에 큰 영향을 미친다. 동료적합성은 조직 내 구성원 간의 사회적 상호작용에 기반하여 나타나는 질적 수준의 정도를 뜻한다. 동료 간의 긍정적인 지원과 협력은 조직 내에서 긍정적인 분위기를 유지하는 데 도움이 된다. 예컨대 어려운 일에 봉착하였을 경우 동료들이 보여주는 관심과 애정 등 정서적 지원이 일을 해결하는 데 긍정적인 영향을 미치는 것과 관련이 있다.

개인을 둘러싼 조직, 상사, 동료와 자신이 맡은 업무에 대한 적합성 수준이 미치는 영향을 다양한 차원에서 파악하기 위해 HEI인적자원몰입패널 조사결과를 분석하였다. 먼저 개인-조직적합성이 보통 이하로 낮게 나타난 경우, 관계중심몰입과 성과중심몰입은 보통 수준으로 나타났다. 반면에, 개인-조직적합성이 높은 경우, 관계중심몰입과 성과중심몰입 역시 높게 나타났다. 조직적합성 수준은 직원의 몰입 유형에 정적인 영향을 미치고 있음을 확인하였다.

개인이 조직 내 환경과 어떻게 조화를 이루는지에 따라 직무 수행에 대한 태도와 성과에 영향을 미칠 수 있다. 직원이 적합도가 낮다고 느끼는 경우, 회사에 소속되지 않았거나 연결되어 있지 않은 것처럼 동료와의 관계를 구축하고 업무에서 자신의 성과를 개선하려는 의지가 낮다. 반대로, 직원이 높은 수준의 적합성을 느낄 때 편안하고, 가치 있고, 조직 내에서 잘 통합된 느낌 동료와의 관계를 구축하고 업무에서 잘 수행하고자 더 노력을 하는 경향이 높다. 조직은 개인의 특성과 조직 문화, 업무 요구 사항 등을 고려하여 조직적합성을 강화하고 직원의 몰입을 촉진하는 방향으로 노력해야 할 것이다.

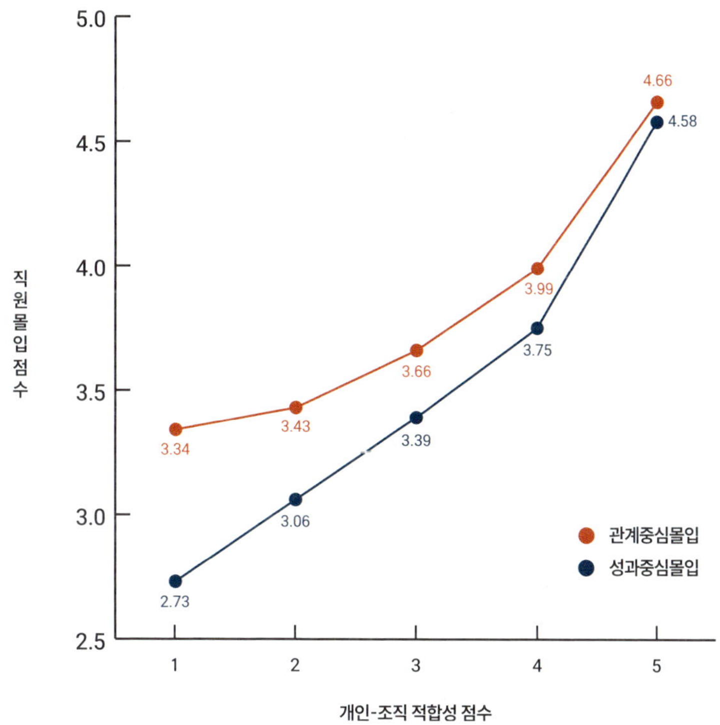

[그림 1] 개인-조직적합성과 직원몰입의 상관관계

다음으로 개인-직무적합성과 몰입 유형 간 관련성을 분석한 결과, 개인-직무적합성이 낮은 경우 관계중심몰입과 성과중심몰입은 보통 이하의 수준을 보였다. 그러나 개인-직무적합성이 높은 경우 관계중심몰입과 성과중심몰입 역시 함께 상승하였다. 개인과 직무 간의 적합성이 몰입 유형에 영향을 미칠 수 있음을 보여준다.

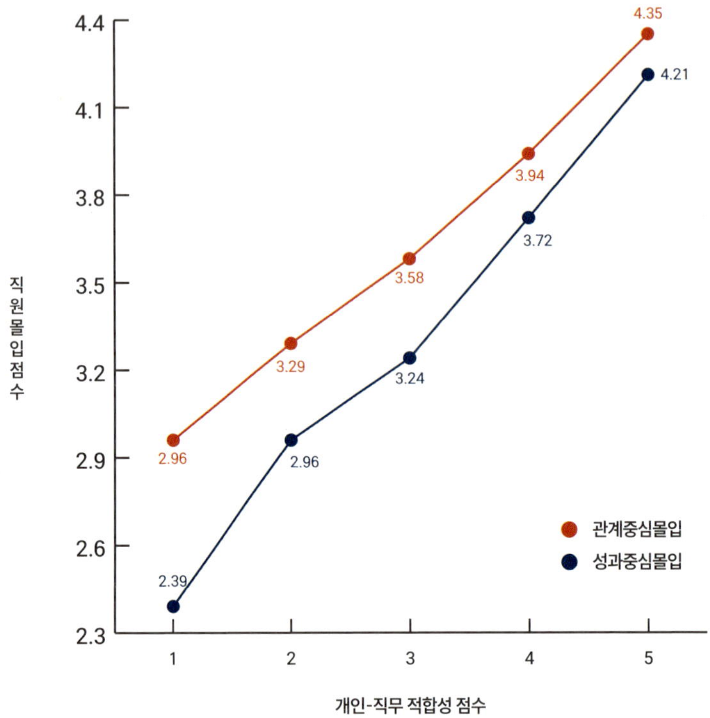

[그림 2] 개인-직무적합성과 직원몰입의 상관관계

본인이 회사에서 프로젝트를 맡았다고 생각해보자. '개인과 직무'의 적합도는 '자신이 맡은 프로젝트와 자신의 기술 및 관심'이 얼마나 일치한다고 느끼는지를 뜻한다. 본인이 자신의 프로젝트에 대해 낮은 수준의 적합성을 느끼면 회사 내에서 관계를 구축하고 업무 성능을 향상하려는 의지도 낮아지게 된다. 본인이 잘하지 못하는 것을 대외적으로 표현하기 두렵거나, 이에 대해 민망함을 느낄 수 있기 때문이다.

대조적으로, 본인이 자신의 프로젝트와 높은 수준의 적합성을 느끼면 회사 내에서 관계를 구축하고, 본인의 프로젝트를 보여주려고 하며, 업무적 스킬을 향상하려는 노력이 크게 증가하게 된다. 개인과 직무 간의 강한 적합성이 관계 구축 및 성과 향상 측면에서 더 높은 수준의 몰입으로 이어질 수 있음을 시사한다.

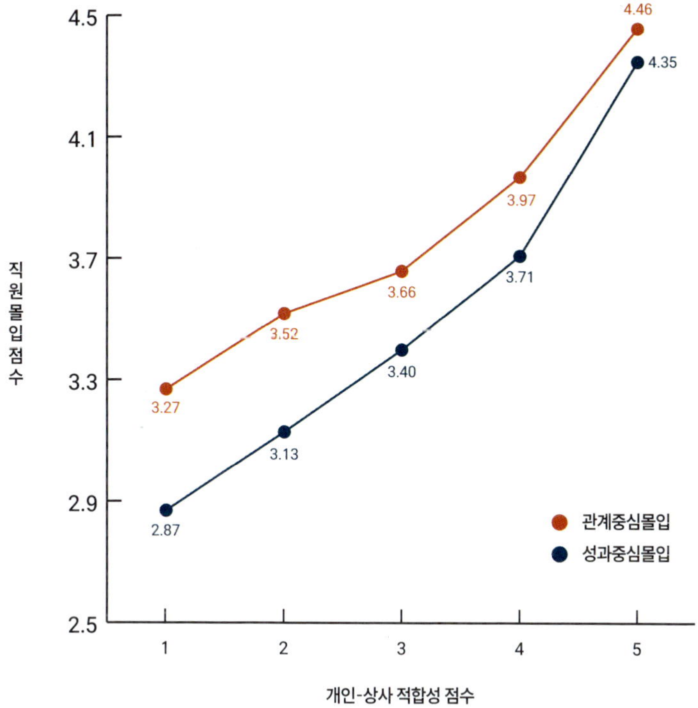

[그림 3] 개인-상사적합성과 직원몰입의 상관관계

다시 말해 조직은 개인의 프로젝트 배정과 관련된 직무적합성을 고려한다면 직원의 업무만족도와 성과를 향상시킬 수 있을 것이다.

끝으로 개인-상사적합성과 몰입 유형 간의 관련성을 분석한 결과 개인-상사적합성이 낮은 경우 관계중심몰입과 성과중심몰입은 보통 수준을 보였다. 그러나 개인-상사적합성이 높은 경우 관계중심몰입과 성과중심몰입은 보통 이상의 수준으로 상승하였다. 개인과 상사 간의 적합성이 몰입 유형에 영향을 미칠 수 있음을 보여준다.

개인-상사적합성은 의사소통, 관리 스타일, 그리고 전반적인 친밀감 측면에도 영향을 미침을 확인할 수 있다. 직원이 상사에 대해 낮은 수준의 적합성을 느끼면 상사와의 관계 구축 및 업무 성취도 향상에 대한 의지도 낮아진다. 반면에, 직원이 상사에 대해 높은 수준의 적합성을 느끼면 상사와의 관계 구축과 업무 수행에 대한 의지도 크게 증가한다. 이러한 결과는 상사와의 관계가 직원의 몰입 그리고 업무성과에 중요한 영향을 미친다는 점을 시사한다. 조직은 상사와 직원 간의 적합성을 강화하고, 긍정적인 상호작용을 촉진하기 위한 노력을 기울여야 한다.

02 칭찬은 직원도 춤추게 한다

· 재진(과장): "민경 대리님. 이번에 시장조사 보고서 만드느라 고생했어. 현장까지 갔다 온 보람이 있는데?"

· 민경(대리): "어!? 제가 현장에 간 거 과장님이 어떻게 아셨어요?

· 재진(과장): "당연히 알지. 이번에 성과 좋으면 내가 밥 살 테니까 기대하라고!"

리더십의 전문가이자 세계적인 경영 컨설턴트인 켄 블랜차드 컴퍼니의 CSO Chief Spiritual Officer 켄 블랜차드 Ken Blanchard 는 "칭찬은 고래도 춤추게 한다"의 저자로 잘 알려져 있다. 그는 범고래 '샴'의 공연을 관람한 후, 칭찬이 가져다주는 긍정적인 변화에 대해 매우 흥미롭게 이야기한다. 칭찬은 직원들에게 지속적으로 제공되는 관심과 배려의 표현이라고 설명한다. 이러한 관심과 배려는 직원들이 부담스럽지 않게 느끼는 수준에서 제공되고, 그것이 진심에서 비롯된 것이라면 직원들은 이를 긍정적으로 받아들이게 된다. 직원들이 자신의 노력과 기여가 인정되고 소중히 여겨진다는 느낌을 받게 되면, 그들은 조직에 대한 애착과 헌신을 높일 것이다. 기업과 조직에서의 칭찬은 긍정적인 조직문화를 유지하고 성과를 향상시키는 데 중요한 역할을 할 것이다. 그렇다면 정말 칭찬과 같은 조직의 지원이 직원의 몰입을 긍정적으로 만들까?

HEI인적자원몰입패널 조사 결과에 따르면, 직원은 자신이 소속된 조직으로부터 웰빙 well being에 대한 충분한 고려를 받고, 자신의 기여가 인정된다고 느낄수록 관계중심몰입과 성과중심몰입이 높아진다. 조직 지원 인식이 없거나 낮은 상황에서는 관계중심몰입이 보통의 수준에 머무르지만, 조직이 개별 직원에게 관심을 보여줄 때는 관계중심몰입이 상승하는 경향을 보였다. 또한, 성과중심몰입 역시 조직 지원 인식이 낮을 때는 보통의 수준을 유지하지만, 조직 지원을 느끼는 경우 성과중심몰입이 더 높아지는 것으로 나타났다.

이러한 결과는 직원이 자신의 웰빙과 기여가 조직에서 중요하게 여겨지길 원한다는 것을 보여준다. 조직이 직원들의 필요를 고려하고, 그들의 기여를 인정하며, 개별 직원들에 관한 관심을 표현하는 것은 조직 내에서 관계중심몰입과 성과중심몰입을 촉진하는 중요한 요소임을 시사한다. 조직은 직원들의 웰빙과 기여를 고려하고 인정하는 조직문화를 조성하는 것이 중요하며, 이를 통해 직원들의 몰입을 높이고 조직의 성과를 향상할 수 있을 것이다.

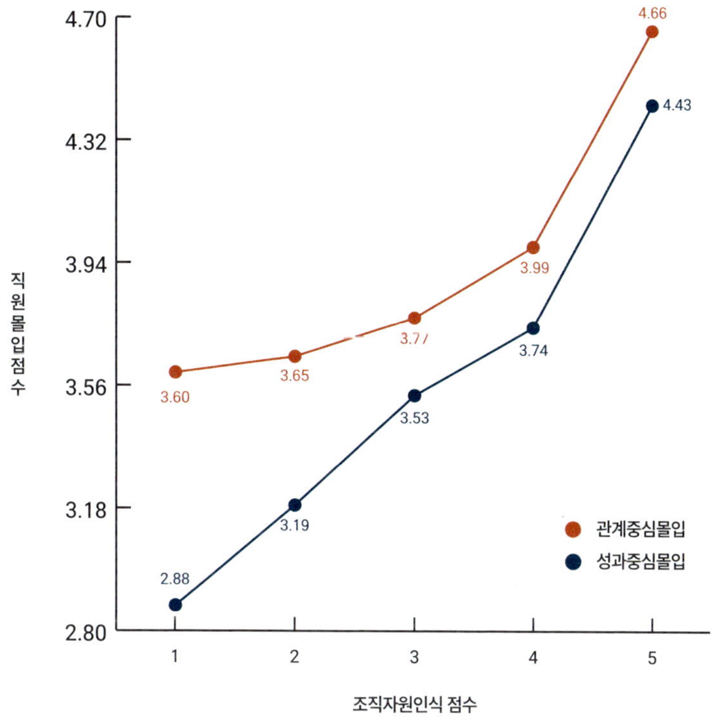

[그림 4] 조직지원인식과 직원몰입의 상관관계

나아가 조직지원인식과 직원의 몰입 간의 관계를 기업 규모에 따라 살펴본 결과, 흥미로운 결과가 나타났다. 기업 규모와 상관없이 조직지원인식이 높아질수록, 직원의 관계중심몰입과 성과중심몰입 수준이 높아졌다는 사실을 확인할 수 있었다. 기업의 규모와는 관계없이 조직이 직원을 지원하는 정도, 강도가 중요하다는 것을 의미한다. 기업은 계속해서 조직문화를 강화하고 직원들의 지원을 중요시하는 노력을 진행함으로써 직원들의 몰입을 높이고, 조직의 성과를 향상시킬 수 있다.

다시 설명하면, 회사에서 동료나 상사로부터의 지원에 대한 인식이 부족하거나 전혀 없는 경우, 관계중심몰입은 낮아지며, 회사에서 동료나 상사가 직원의 기여를 인정하고 관심을 보여주는 경우, 관계중심몰입과 성과중심몰입이 증가하게 된다. 특히 성과중심몰입은 동료나 상사로부터의 관심과 인식이 낮을 때는 비교적 낮은 수준을 유지하나 회사에서 동료나 상사가 지원을 인정하고 지속적인 관심 인식을 보여줄 때는 높아지고, 직원의 만족도와 업무 효율성까지 향상된다. 이러한 경향은 중소기업에서부터 대기업까지 균일하게 나타난다.

이 말은 곧, 조직의 성과를 높이고 싶다면 관심을 주는 문화부터 만들어야 한다는 것이다. 리더의 피드백 한마디, 동료의 인정 한마디가 단지 감정적 위로를 넘어 몰입과 퍼포먼스를 결정짓는 동력이 될 수 있다. 성과에 대한 요구가 있는 만큼, 구성원에 대한 지지와 인식도 비례해야 한다. 조직문화는 성과의 결과가 아니라, 성과의 시작점이다.

03 카카오톡에서 없어지지 않는 '1'

· 미연(사원): "지혜님, 혹시 과장님 카톡 읽으셨어요? 메신저를 확인하지 않으셔서 어떻게 하죠…. 부장님이 30분 뒤에 회의하자고 하시는데요…."

· 지혜(사원): "그러게요. 안 보시네…. 급하니까 얼른 전화드려봐요! 2팀 과장님은 카톡도 빨리 확인하시고, 업무도 빨리 공유하시던데…."

기업에서는 소통이 극도로 높은 가치를 지닌다. 비즈니스 환경에서 시간은 금金이기에, 서로의 업무를 신속하게 공유함으로써 업무 효율성을 높일 수 있고, 이에 기반하여 결재 등의 프로세스도 원활히 진행될 수 있다. 그렇다면 정말로 의사소통 수준이 관계와 성과중심몰입에 직접적인 영향을 미칠까?

HEI인적자원몰입패널 조사에서는 조직 내의 의사소통 수준이 직원의 몰입에 미치는 영향을 확인하였다. 조직의사소통과 관계중심몰입 수준 간의 관계를 조사한 결과 조직의사소통이 낮은 경우 관계중심몰입은 보통의 수준에 머물렀으나, 조직의사소통이 높은 경우 관계중심몰입 또한 함께 증가하는 경향을 확인하였다. 성과중심몰입의 경우에도 조직의사소통이 낮은 경우에는 보통 이하의 낮은 수준의 몰입을 보이지만, 조직의사소통이 보통 이상인 경우에는 함께 상승하는 경향을 보였다. 요약하면, 조직의사소통이 높을수록 관계중심몰입과 성과중심몰입이 높아지는 것으로 나타났으며, 반대로 낮은 조직의사소통 수준에서는 직원몰입 수준이 낮게 유지되었다.

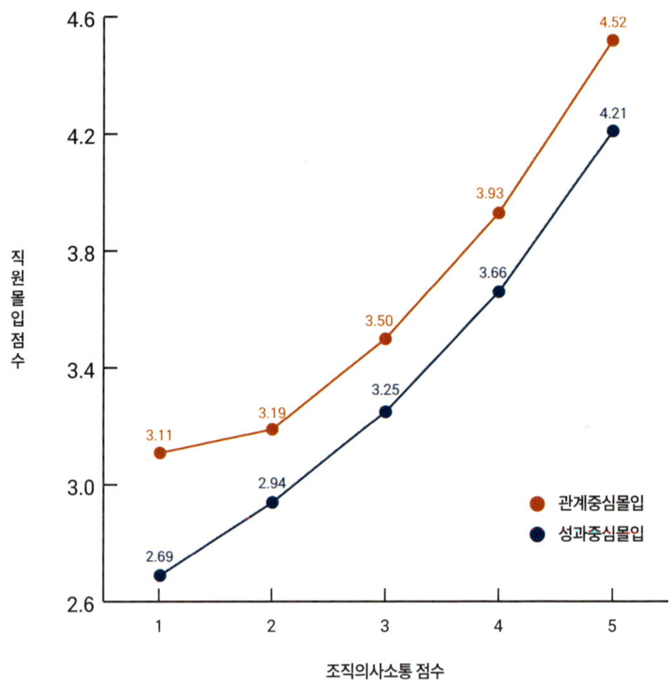

[그림 5] 조직의사소통과 직원몰입의 상관관계

조직의사소통의 세부 유형인 업무적 의사소통과 관계적 의사소통 각각의 결과도 함께 확인하였다. 그 결과 두 유형 모두 수준이 높을수록 직원몰입수준도 함께 높아지는 것으로 나타났다. 이는 의사소통유형과 관계없이 직원의사소통과 직원몰입이 서로 밀접한 관련이 있으며, 조직의사소통과 직원몰입은 정적인 영향관계에 있음을 나타낸다.

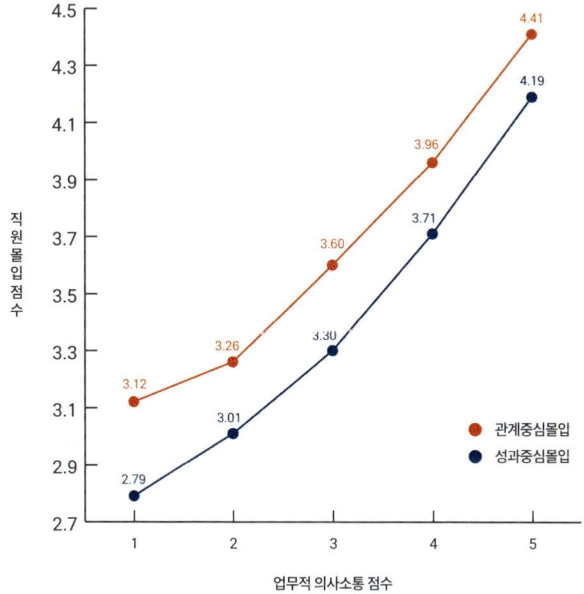

[그림 6] 업무적 의사소통과 직원몰입의 상관관계

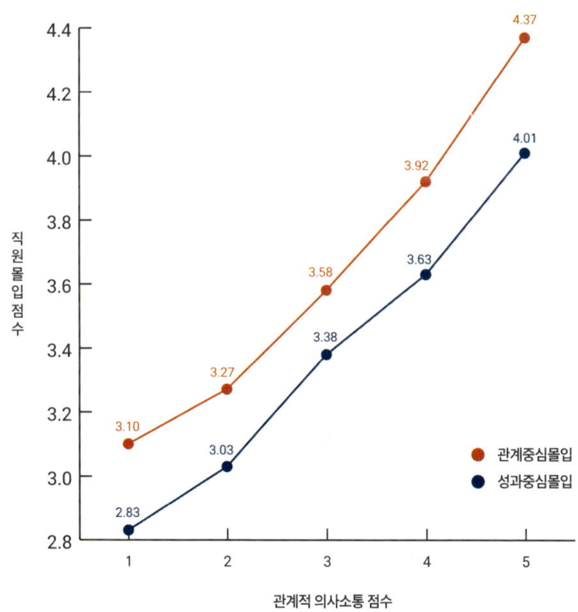

[그림 7] 관계적 의사소통과 직원몰입의 상관관계

한편, 조직의사소통과 기업규모 간의 관계를 살펴본 결과에서도, 기업규모와

상관없이 조직의사소통이 높아질수록 관계중심몰입과 성과중심몰입 수준이 높아짐을 확인했다.

위 분석결과의 이해를 돕기 위해 게임개발을 주력으로 하는 A사와 B사를 예로 들어 설명하고자 한다. A사는 조직의사소통이 좋지 않고, B사는 조직의사소통이 원활한 편에 속한다고 가정해 보자. A사는 게임 개발자, 디자이너, 관리자들이 프로젝트에 대해 효과적으로 소통하기 위해 고군분투한다. 그러나 늘 소통이 원활하지 않아서 팀원들은 문제를 논의하거나 아이디어를 공유하거나 업무에 필요한 지원을 받는 데 어려움을 겪게 된다. 팀원 간의 개인적인 상호 관계가 적어져 동지애가 약해지게 된다. 이러한 환경에서는 결국 직원이 업무에 집중하기 어렵고, 고립되고 지원받지 못함을 느끼게 되어 낮은 관계중심몰입과 성과중심몰입으로 나타난다.

반대로 B사는 열린 분위기의 조직의사소통 환경을 조성하여 게임 개발자, 디자이너, 관리자는 게임 관련 문제를 쉽게 논의하고 창의적인 솔루션을 찾기 위해 브레인스토밍한다. 팀원들은 팀 빌딩 활동이나 가벼운 대화를 통해 서로에게 더 가까워져 관계 커뮤니케이션을 촉진하고, 유대감을 느끼게 된다. B사의 직원들은 자신이 맡은 업무의 가치를 스스로 발견하고 충분한 지원을 받고 있다고 느끼게 될 가능성이 높다. 이는 관계중심몰입과 성과중심몰입의 수준을 높인다. 결과적으로 그들은 게임 프로젝트의 성공과 스튜디오의 전반적인 성장에 기여하는 업무에 더 많이 몰입하고 투자하게 되는 것이다. 조직의사소통은 기업규모와는 관계없이 중요하다.

결국 조직의사소통은 단순한 커뮤니케이션 스킬 문제가 아니다. 몰입을 유도하고 성과를 이끄는 조직문화의 구조적 기반이다. A사와 B사의 사례는 이를 명확히 보여준다. 같은 인재라도, 소통이 되지 않는 조직에서는 몰입하지 않고, 성과도 없다. 반대로, 구성원 간 열린 소통이 가능한 환경에서는 업무 몰입도는 물론 조직에 대한 애착과 책임감이 자연스럽게 따라온다. 진짜 중요한 건 소통이 살아있는 조직을 어떻게 설계할 것인가다. 조직의 성장은 구성원이 소외되지 않고 연결되어 있다고 느끼는 것에서 시작된다.

04 공정성이 핵심이다

· 지선(대리): "넌 이번에 성과급 얼마나 받았어? 우리 부서는 성과 지표가 이상한 것 같아. 퍼포먼스는 내가 많이 낸 것 같은데, 다른 팀이 더 받아 가더라."

· 소라(대리): "그래? 우리는 그래도 부서장님이 잘 봐주신 것인지 생각보다 잘 나온 것 같더라고. 어휴…. 내가 술 살게. 나가자"

성과급은 중견기업 이상의 조직에서 매우 중요한 보상이다. 고속으로 성장하는 중소기업에서도 마찬가지다. 성과급 지급 기준이 명확하지 않은 조직이나 부서에서는 기준을 모르겠어, 누구는 많이 받고 누구는 적게 받았어와 같은 불만이 생길 수 있다. 이러한 문제는 개인의 불만이나 부서 간의 갈등을 초래할 수 있으므로 심각한 문제로 여겨진다. 성과급 지급 체계는 공정하고 명확해야 한다. 공정성이 높고, 체계가 명확할수록 직원들의 충성도와 몰입도가 높아지게 되며, 반대로 불공정한 성과급 체계는 직원들의 불만족을 불러일으킬 수 있다.

조직공정성은 조직 구성원들이 조직으로부터 받는 대우의 공정한 정도를 의미한다. 이는 보상 등을 분배하는 데에 대한 분배공정성, 업무 및 의사결정의 프로세스에서 나타나는 절차공정성, 인간관계 등 관계에서 나타나는 상호작용 공정성으로 나눠진다. 최근에는 특히 절차공정성과 분배공정성의 중요성이 높아지고 있는데, 이는 조직 구성원들이 조직의 의사결정 과정이나 보상 체계를 공정하다고 인식할 때 충성도와 몰입도가 높아지기 때문이다. 그렇다면 조직공정성 수준에 따라 몰입은 어떻게, 얼마나 차이가 날까?

먼저 조직공정성 수준과 관계중심몰입 수준의 관계를 살펴보면, 공정성이 낮은 경우 관계중심몰입은 보통의 수준으로 확인되며, 조직공정성이 높은 수준인 경우 관계중심몰입 또한 높은 수준을 보이는 것으로 나타났다. 성과중심몰입의 경우도 조직공정성이 낮은 경우에 보통 이하의 수준에 머물러있던 반면에, 조직공정성이 보통 수준을 초과하는 경우에는 높은 수준을 보이는 것으로 확인되었다. 이러한 결과는 조직공정성이 높을수록 관계중심몰입과 성과중심몰입이 높아지는 것으로 나타났으며, 반대로 공정성이 낮을수록 몰입수준이 낮게 나타남을 의미한다.

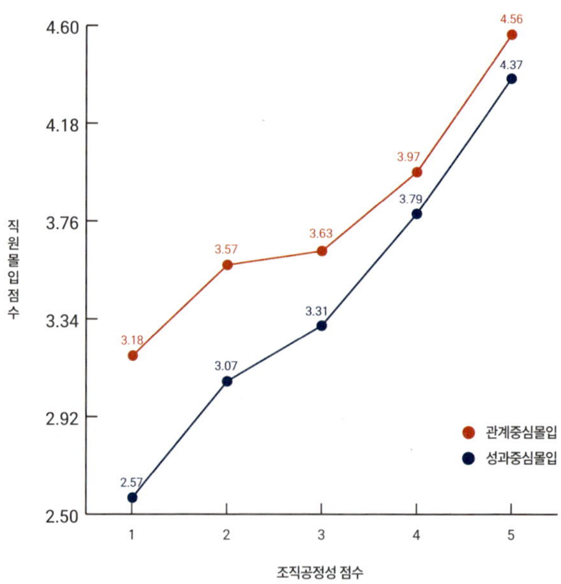

[그림 8] 조직공정성과 직원몰입의 상관관계

조직공정성은 절차적 정의와 분배적 정의로 세분화될 수 있다. 절차적 공정성은 업무 맥락 속 판단과 의사결정 절차의 공정성을 일컫는다. 직원이 자신이 소속된 조직의 절차에 직접 참여할 수 있다고 느끼거나, 절차가 일관적이고 공정하다고 느낄 때 절차적 공정성은 높아진다. 분배적 공정성은 조직의 자원 분배에 대한 직원의 공정성 인식 정도를 뜻한다. 조직차원에서 보상이나 칭찬과 같은 긍정적 자원이 공평하게 제공될 때 직원의 직무태도나 행동에 긍정적 영향을 불러일으킬 수 있다. 이러한 조직공정성 유형에 따른 관계중심몰입과 성과중심몰입의 경향성을 살펴보면 조직공정성 유형과는 상관없이 수준이 높아질수록 직원몰입 수준이 증가했음을 확인할 수 있다. 조직은 절차적 공정성과 분배적 공정성을 모두 고려하여 조직문화를 발전시키고 직원의 몰입을 높이는 데 주력해야 한다.

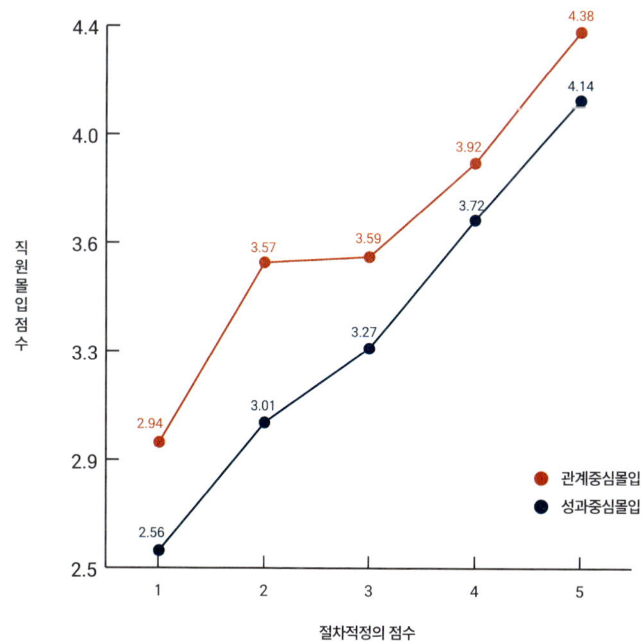

[그림 9] 절차적 정의와 직원몰입의 상관관계

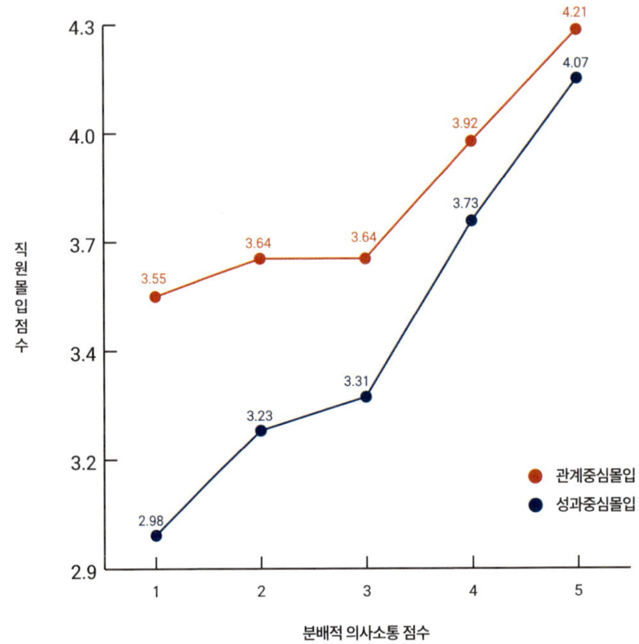

[그림 10] 분배적 의사소통과 직원몰입의 상관관계

기업규모에 따른 조직공정성과 직원몰입 간의 관계를 살펴본 결과에서도, 기업규모와 상관없이 조직공정성이 높아질수록 관계중심몰입과 성과중심몰입 수준이 높아지는 것으로 나타났다. 이러한 결과는 조직공정성이 직원몰입에 미치는 영향이 기업의 규모와는 독립적이며, 공정하고 투명한 조직문화가 직원들의 충성도와 몰입도를 높이는 데 핵심적인 역할을 한다는 것을 의미한다. 기업은 규모에 상관없이 조직공정성을 강화하고 직원들의 참여와 투명성을 증진시키는 데 주력해야 할 것이다.

예를 들어, 프로젝트 1팀과 프로젝트 2팀이 회사의 성장에 중요한 서로 다른 프로젝트를 수행하고 있다고 가정해보자. 프로젝트 1팀은 새로운 소프트웨어 애플리케이션을 개발하는 임무를 맡고 있다. 만약 경영진이 팀원과 상의하지 않고 자원과 기한을 할당한다면, 일부 팀원은 업무에 과부하가 걸리는 반면, 다른 팀원은 할 일이 너무 적어질 수 있다. 또한, 직원에게 프로젝트에 대한 명확한 기대치나 지침을 제공하지 못한다고 가정하자. 프로젝트가 난관에 부딪혔을 때 각 팀원의 노력과 기여도를 공평하게 인정하기보다는 개인적 취향에 따라 보너스를 할당하는 등의 부당한 대우를 제공한다면 팀원들 간의 갈등과 단절이 발생하게 될 것이다. 결국, 프로젝트가 지연되고 회사의 성장잠재력을 발굴하지 못하여 회사의 성장에 부정적인 영향을 미치게 될 것이다.

이와 대조적으로 프로젝트 2팀의 경영진은 의사결정 과정에 팀원을 참여시켜 리소스와 기한이 공정하게 분배되도록 한다. 명확한 기대치와 지침이 제공되어 팀의 목표와 책임이 명확하게 전해지도록 한다고 가정하자. 직원들은 프로젝트를 진행함에 있어 장애물에 직면하게 된다면 이를 극복하기 위해 효과적으로 협력하는 모습을 보이게 된다. 또한, 경영진은 각 팀원의 노력과 공헌을 인정하고 장점과 성과에 따라 보너스를 분배하는 등 공정한 대우를 할 경우 팀 직원 간의 단결감과 헌신을 촉진하게 된다. 결국 프로젝트 2팀은 제시간에 성공적으로 프로젝트를 완료하고 기대치를 뛰어넘어 시장에서 회사의 성장과 명성을 높일 수 있다. 이러한 예시는 중소기업이나 회사의 부서에서 충분히 발생할 수 있는 일이며, 실제로도 이와 비슷한 이야기를 들어본 적 있을 것이다.

공정성과 소통은 프로젝트 성공의 보조 요소가 아니라 핵심 조건이다. 리더십이 구성원을 배제하면 팀은 무너지고, 참여시키면 팀은 살아난다. 성과란 일 잘하는 사람 몇 명이 이끄는 게 아니라, 구성원이 공평하게 존중받고 있다는 느낌에서 비롯된다. 공정성은 단지 제도나 시스템으로 보장되는 게 아니라 리더가 어떻게 듣고, 어떻게 나누며, 어떻게 인정하는지에 달려 있다. 사람을 중심에 둔 운영이야말로, 진짜 지속 가능한 성장전략이다.

05 믿어 의심치 않는 너, 나, 우리

· 유원(부장): "이 과장. 우리 부서는 이번 프로젝트에서 B-2로 가기로 했어. 파이프라인이 없는 곳이라서 좀 힘들긴 할 텐데..."

· 재진(과장): "부장님이 선택하셨으면 딱히 걱정하지 않습니다. 저번에 신사업 한 경험도 있으니, 이번에도 잘 부탁드립니다."

조직 생활에서 상사의 역할은 중요하다. 상사의 지원과 지도는 직원의 성과와 만족도에 큰 영향을 미치며, 많은 사람이 '상사복'이 있는 사람을 부러워한다. 좋은 상사를 만나게 되면 개인의 역량을 향상시키는 데 도움이 되는 동시에 조직 내에서의 만족도도 높아지는 계기가 될 수 있다. 이러한 관계에서 신뢰는 중요한 역할을 한다. 신뢰는 타인의 미래행동에 대한 기대와 믿음을 의미한다. 다시 말해, 신뢰란 상대방이 호의적이거나 최소한 악의적이지 않을 것이라고 기대하는 믿음 속에서 협력과 협조를 원하는 상태로 해석할 수 있다. 이러한 신뢰는 개인 간의 관계뿐만 아니라 조직 내에서도 중요한 역할을 하며, 상호작용의 질을 높이고 협력적인 환경을 조성하는 데 필수적인 요소로 작용한다.

HEI인적자원몰입패널 조사에서는 신뢰를 조직신뢰와 상사신뢰로 나누어 직원몰입 간의 관계를 조사하였다. 먼저, 조직신뢰를 인지하지 못하는 경우와 인지하는 경우를 비교한 결과, 조직에 대한 신뢰를 인지하지 못하는 경우에는 관계중심몰입이 거의 차이가 없었으나, 조직에 대한 신뢰를 인식하는 경우는 관계중심몰입이 급격히 높아졌다. 성과중심몰입의 경우도 신뢰가 낮은 수준일 때는 보통 정도의 수치를 보이다가 조직신뢰를 인식하는 경우 증가하였다. 요약하면, 대한민국 직장인들의 조직신뢰 수준과 직원몰입은 긴밀하게 연관되어 있으며, 조직에 대한 신뢰를 인식하는 경우 직원몰입 수준이 급격히 높아진다는 것이다. 특히, 관계중심몰입과 성과중심몰입에서도 이러한 경향성이 확인되었다.

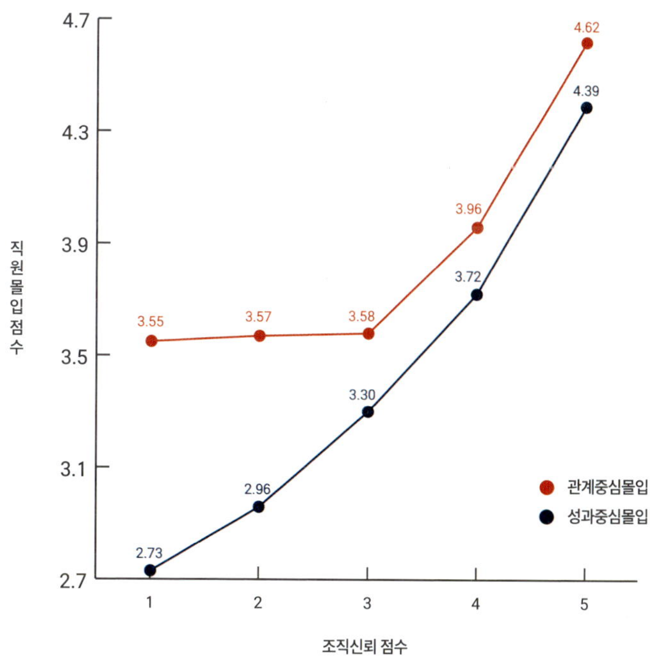

[그림 11] 조직신뢰와 직원몰입의 상관관계

다음으로 직원이 인식하는 자신의 상사에 대한 신뢰를 살펴본 결과, 상사에 대한 신뢰가 높아질수록 마찬가지로 관계중심몰입 및 성과중심몰입 수준이 동시에 증가하는 것을 확인했다. 상사에 대한 신뢰가 조직 내 직원몰입에 중요한 역할을 한다는 것을 의미한다.

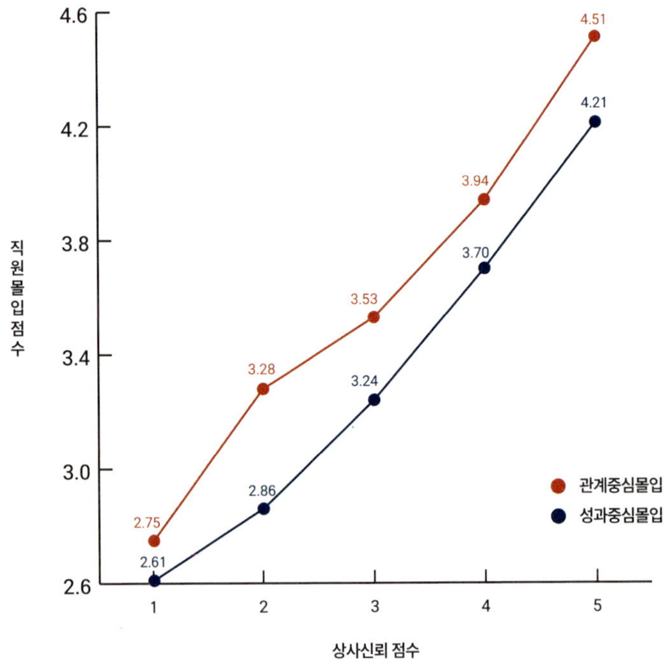

[그림 12] 상사신뢰와 직원몰입의 상관관계

한편, 조직 및 상사신뢰와 직원몰입 유형 간 관계에 대하여 세부적인 특성을 살펴보기 위하여 기업규모별로 추가적인 경향성을 살펴본 결과, 기업규모와 상관없이 조직 및 상사신뢰가 높아질수록 관계중심몰입과 성과중심몰입 수준이 높아짐을 확인했다. 신뢰는 기업의 규모와 무관하게 직원몰입에 긍정적인 영향을 미친다는 것을 보여준다.

간단히 말하자면 직원이 조직과 상사에 대한 신뢰가 높을수록 회사 내 업무 및 관계에 대한 몰입도가 높아진다는 뜻이다. 예를 들어, 회사 내 A팀과 B팀이 있다고 가정해보자. A팀의 직원은 조직과 상사에 대한 신뢰도가 높지만, B팀의 직원은 신뢰도가 낮다. A팀은 조직과 상사에 대한 높은 신뢰 수준으로 인해 서로 협력하고 아이디어를 공유하며 목표를 달성하기 위해 헌신적으로 노력하게 된다. 이러한 행동은 A팀의 생산성과 성공 가능성을 높이게 된다.

반면, 신뢰 수준이 낮은 B팀은 업무와 관계에 대한 헌신과 몰입이 부족하다. 직원들은 협력하고 아이디어를 공유할 가능성이 낮으며, 이로 인해 목표 달성 능력 또한 저해된다. 그 결과, B팀은 성과중심몰입이 낮을 뿐만 아니라, 그들의 성과 역시 낮아지게 된다. 즉, 조직 내에서의 신뢰는 매우 중요하며, 그것이 궁극적으로 회사의 전반적인 성과에 영향을 미친다는 것을 시사한다.

신뢰는 조직의 분위기가 아니라 전략 자산이다. 눈에 보이지 않는 신뢰가 몰입을 만들고, 몰입이 성과를 만든다. 성과 향상을 원한다면 복잡한 구조조정보다 먼저, "우리 팀은 서로를 믿고 있는가?"라는 질문부터 던져야 한다. 신뢰 없는 조직은 절대 몰입을 끌어낼 수 없고, 몰입 없는 조직은 결코 지속적인 성과를 낼 수 없다.

06 '가자'와 '가라'는 한 글자 차이

· 지혜(사원): "과장님. 저번에 말씀드린 내용 어떻게 되었을까요? 부장님께서 컨펌해 주실까요?"

· 재진(과장): "부장님 그렇게 꽉 막히신 분 아니야. 일단 내가 먼저 말씀드렸고, 오늘 회의시간에 잘 정리해서 발표해봐. 걱정하지 말고, 내가 옆에서 서포트할 테니까."

마중적토 인중여포馬中赤兎 人中呂布. 삼국지에서 유래한 표현으로, "말은 적토마가 최고고, 사람은 여포가 최고다"라는 뜻이다. 여포는 개인적으로는 뛰어난 전사였지만, 조직에서는 최악의 리더로 평가받는다. 그의 리더십 스타일은 개인적 야망, 기회주의, 불충성으로 특정된다. 군사적 전문성이 높아서 군대를 잘 지휘할 수 있었지만, 쉽게 주변 사람들을 배신하고 수하를 도구처럼 다루는 그의 모습에 반발이 발생하기도 했다. 결과적으로 여포는 불안정한 지도력과 조직력으로 인해 몰락하게 되었다.

이는 곧 상사의 리더십 유형에 따라 조직의 성향이 완전히 달라질 수 있음을 뜻하며, 결과적으로 업무성과 수준에서도 차이가 날 수 있다는 것을 의미한다. 상사가 어떤 유형의 리더십을 발휘하느냐에 따라 직원몰입 유형은 달라질 수 있다. 이를 확인하기 위해 HEI인적자원몰입패널 조사에서는, 국내 기업에서 상사의 리더십 유형에 따른 부하직원의 몰입 양상을 분석하였다. 상사의 개방적리더십이 부하직원의 관계중심몰입에 미치는 영향을 살펴본 결과 상사가 개방적리더십을 발휘하지 않는 경우보다 적극적으로 발휘하는 경우 관계중심몰입 및 성과중심몰입 수준이 높아지는 것으로 나타났다. 간단히 말해서 열린 리더십을 발휘하는 상사는 부하직원의 헌신에 긍정적인 영향을 미쳐 팀 내에서 더 강한 관계와 더 나은 성과로 이어진다는 것이다.

리더십 스타일이 다른 두 팀, X팀과 Y팀이 있다고 가정해보자. X팀의 상사는 개방적리더십을 실천하여, 이를 통해 직원들과 원활한 의사소통과 상호작용을 촉진한다. 이러한 접근 방식은 직원들의 관계중심몰입과 성과중심몰입을 모두 증진시키며, 동류와 조직에 대한 연결감과 헌신을 높이고, 업무 수행에 대한 동기 강화로 이끌어낸다. 결국, 이러한 환경은 향상된 생산성과 성공으로 나타난다.

반면, Y팀의 상사는 개방적이지 않은 리더십 스타일을 채택하여, 직원들과의 소통 및 의사소통을 제한한다. 이러한 상황은 팀원들로 하여금 동료들과의 관계에서 소외감을 느끼게 하고, 자신의 업무에 대한 열정과 능력을 발휘할 의욕을 저하시킨다. 이는 곧 조직의 생산성 저하와 실패 가능성을 높이는 결과를 초래한다. 이러한 점에서 개방적리더십 스타일은 조직 내 직원들의 몰입도와 성과를 향상시키는 데 중요한 역할을 하는 것을 알 수 있다.

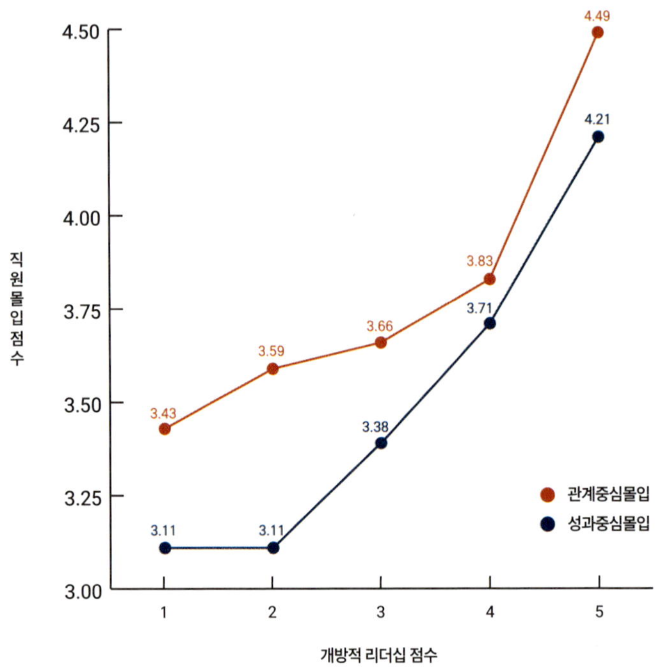

[그림 13] 개방적리더십과 직원몰입의 상관관계

다음으로 개방적리더십과 반대되는 폐쇄적리더십의 특성에 따른 직원의 몰입 유형 간 관계를 살펴보았다. 앞서 언급한 개방적리더십이 부하직원에게 일에 대한 실험과 새로운 방식을 격려하는 리더십이라면, 폐쇄적리더십은 기존의 업무 방식을 고집하고, 부하직원이 발생시키는 오류나 실수에 대해서는 제재를 가하는 방식의 리더십을 의미한다. 먼저 폐쇄적리더십이 관계중심몰입에 영향을 미치는 관계를 살펴보면, 폐쇄적리더십이 아주 낮은 수준일 때는 관계중심몰입이 보통의 수준으로 나타났으나 폐쇄적리더십이 보통 수준까지 증가하는 구간에서는 오히려 관계중심몰입이 감소하였다. 그러나 폐쇄적리더십이 보통 수준 이상으로 증가하는 경우 다시 관계중심몰입이 증가하는 U자형 형태를 보였다.

한편, 폐쇄적리더십과 성과중심몰입 간 영향관계에서는 폐쇄적리더십이 미미하거나 보통 수준까지는 성과중심몰입 수준 또한 큰 차이를 보이지 않다가, 폐쇄적리더십이 일정 수준 이상으로 높아지는 경우 마찬가지로 성과중심몰입 수준 또한 증가하는 형태를 보였다. 이러한 결과는 폐쇄적리더십이 초기에는 부정적인 영향을 미칠 수 있지만, 일정 수준을 넘어서면 직원들이 리더의 지시와 제재에 적응하면서 오히려 관계중심몰입과 성과중심몰입이 증가할 수 있음을 시사한다. 리더십 스타일이 직원의 몰입 유형에 복합적인 영향을 미칠 수 있음을 보여준다.

예를 들어 '낮은 수준의 폐쇄적리더십'을 가진 상사가 있는 A팀과 '정상적인 수준의 폐쇄적인 리더십'을 가진 팀장이 있는 B팀이 있다고 가정해 보자. 여기서 낮은 수준의 폐쇄적리더십은 정상 수준보다는 좀 더 융통성 있다는 것을 의미한다. A팀의 상사는 낮은 수준의 폐쇄적리더십을 보인다. 이들은 기존 방법에 어느 정도 융통성이 있고 새로운 아이디어에 적당히 개방적이다. 이 경우 팀 직원 간의 관계중심몰입은 보통 이상으로 상대적으로 높아지게 된다. 그러나 B팀의 상사는 정상적인 수준의 폐쇄적리더십을 보인다고 하자. 전통적인 방법을 고수하고 새로운 접근 방식에 덜 개방적이다. 이런 상황에서는 팀 직원 간의 관계중심몰입은 감소하게 된다.

폐쇄적리더십이 더 강해질수록 관계중심몰입의 수준이 보통 이상으로 나타나는 예상치 못한 효과가 발생하기도 한다. 팀원들 간의 관계중심몰입이 높아진다는 것이다. 이는 팀장을 제외하고 팀원들끼리 안정감을 느끼는 것으로 해석할 수 있다. 실제로도 팀장이 악역을 하면 팀원끼리의 결속력이 강해지는 모습을 보이기도 한다. 업무에 있어서 기존 방법을 고수하기 때문에 통일성이 있어서 안정감을 느끼는 등의 다양한 사유가 있을 것으로 생각된다.

성과중심몰입과 관련하여 언급하자면 폐쇄성이 정상 수준에 도달할 때까지는 상대적으로 영향을 받지 않는다. 이는 폐쇄적리더십이 관계중심몰입에 비해 성과중심몰입에 미치는 영향이 적을 수 있다는 것을 의미한다. 리더십 스타일에 따라 직원몰입의 형태와 수준이 다르게 나타날 수 있으며, 이는 조직의 성과와 성공에 중요한 영향을 미친다.

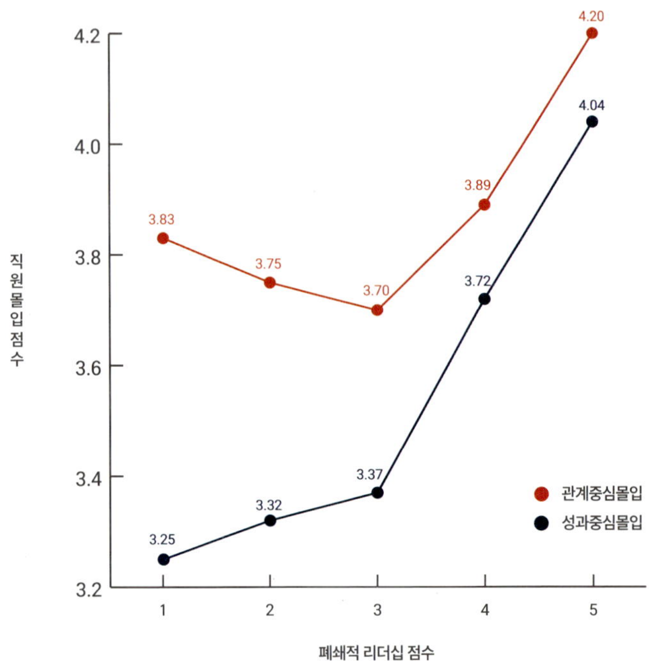

[그림 14] 폐쇄적리더십과 직원몰입의 상관관계

최근 관심이 높아지고 있는 포용적리더십과 관계중심몰입 간의 관계를 살펴보면, 포용적리더십이 낮은 수준일 때는 관계중심몰입 수준 또한 보통 수준이었지만, 포용적리더십 수준이 높아질수록 관계중심몰입 수준 또한 증가했다. 상사가 부하직원을 이해하고 인정함으로써 부하직원들이 조직 내에서 더 긍정적인 관계를 형성하고, 서로에게 더 헌신적으로 행동할 수 있게 되는 것을 시사한다. 또한, 이러한 포용적리더십은 성과중심몰입에도 긍정적인 영향을 미치는 것으로 확인되었다. 포용적인 리더십을 통해 상사는 부하직원들의 관계와 업무에 대한 헌신을 촉진하여 조직의 성과 향상에 기여할 수 있다.

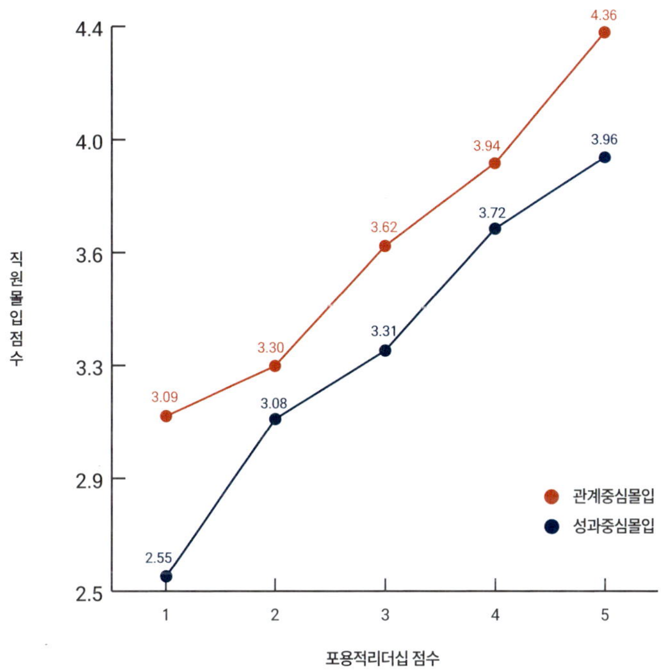

[그림 15] 포용적리더십과 직원몰입의 상관관계

예를 들어 디자인 회사에 Good Design과 Just Design이라는 팀이 각각 다른 리더십 스타일을 가진 팀장에 의해 운영되고 있다고 가정해 보자. Good Design의 팀장은 포용적리더십을 수용하고 팀원을 의사결정 과정에 적극적으로 참여시키며 개방적인 커뮤니케이션을 통해 팀 내 유대감을 형성한다. 이러한 문화는 팀원들 간의 긍정적인 관계를 유지하고, 높은 수준의 성과를 도출한다. 대조적으로 Just Design의 팀장은 더 폐쇄적인 리더십 스타일을 취하며, 팀원들의 의견을 듣지 않고 의사결정에 개입하지 않는다. 이로 인해 팀원들은 상호 간에 가치를 느끼지 못하고, 커뮤니케이션 부재와 다양성 부족으로 인해 낮은 관계중심몰입의 수준을 보이게 된다. 이는 결국 프로젝트 성과에도 부정적인 영향을 미치게 된다. 팀장의 리더십 역량에 따라 팀 전체의 몰입도가 달라지는 경우를 우리는 주변에서 종종 찾아볼 수 있다.

개방적리더십과 관계중심몰입, 성과중심몰입 간 영향관계에서 기업규모별 양태를 살펴보면, 기업규모에 상관없이 공통적으로 개방적리더십이 증가할수록 관계중심몰입과 성과중심몰입 수준이 함께 증가했다.

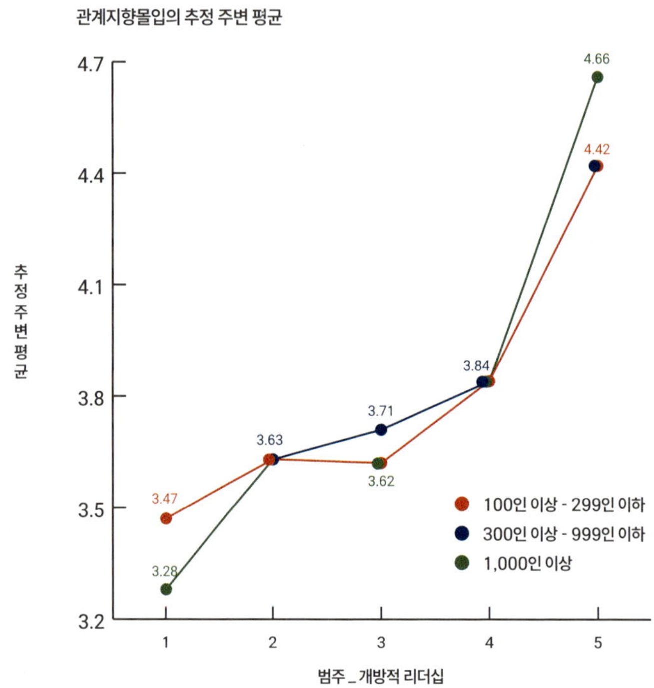

[그림 16] 개방적리더십과 관계중심몰입의 상관관계

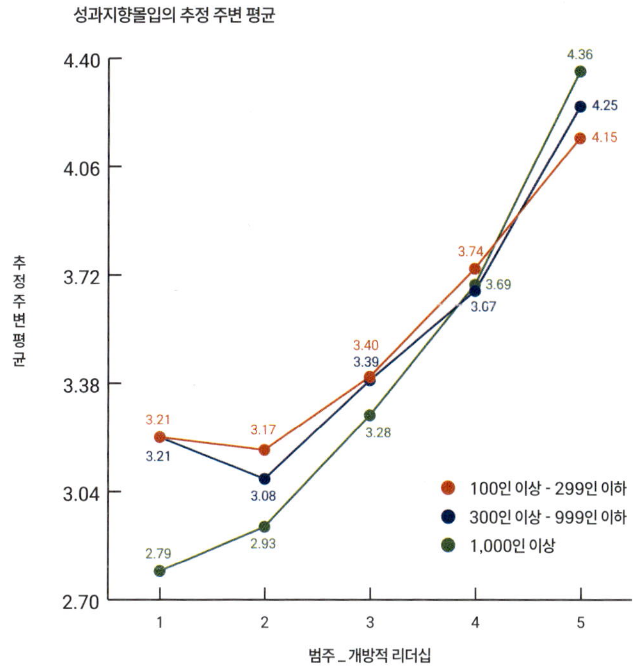

[그림 17] 개방적리더십과 성과중심몰입의 상관관계

그렇지만 폐쇄적리더십의 영향은 다르게 나타났다. 먼저 폐쇄적리더십과 관계중심몰입 간 영향관계에서는 300인 이상 중견 및 대기업의 경우 폐쇄적리더십이 아주 낮을 때 관계중심몰입 수준이 높게 존재하다가 폐쇄적리더십이 보통 수준일수록 낮아졌으며, 그 이후에 다시 증가하는 U자형 양태를 보였다. 반면 300인 미만 중소기업의 경우 폐쇄적리더십 수준이 증가하면 관계중심몰입 수준이 증가하는 정적 관계를 보였다.

다음으로 폐쇄적리더십과 성과중심몰입 간 영향관계에서의 기업규모별 특성을 살펴보면, 300-999인 규모의 중견기업인 경우 폐쇄적리더십이 증가하는 경우 성과중심몰입이 감소하다가 다시 증가하는 U자형 패턴을 보였다. 300인 미만 중소기업은 폐쇄적리더십이 증가할수록 급격히 성과중심몰입 수준이 증가하는 정적 관계를 보였으며, 1,000인 이상 대기업의 경우 어느 일정 수준의 폐쇄적리더십 수준까지는 성과중심몰입 수준의 변동이 없다가 폐쇄적리더십 수준이 보통 이상일 때 성과중심몰입 수준이 급격히 증가하는 형태를 보였다.

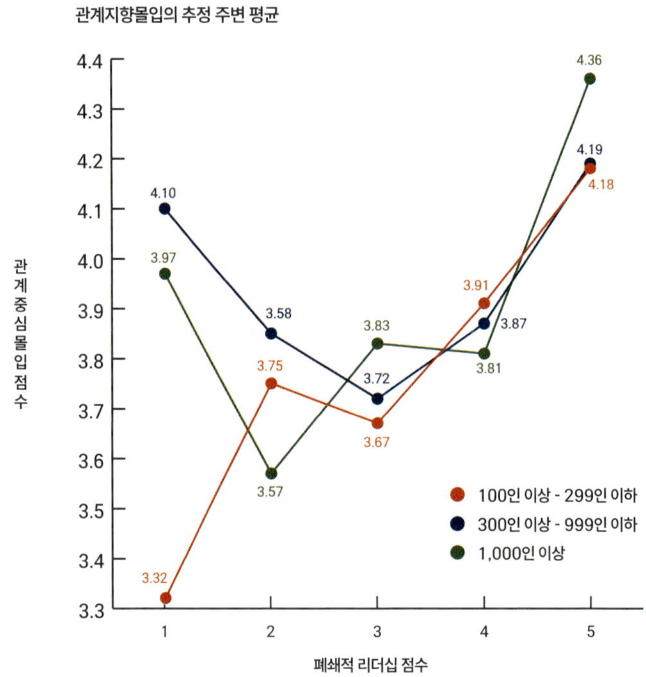

[그림 18] 폐쇄적리더십과 관계중심몰입의 상관관계

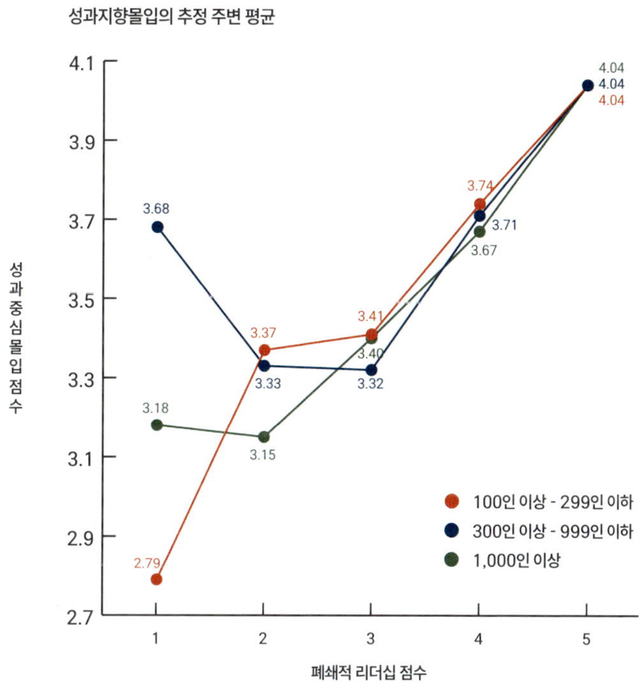

[그림 19] 폐쇄적리더십과 성과중심몰입의 상관관계

포용적리더십과 한국형 직원몰입 유형 간 관계에서의 기업규모 맥락을 살펴보면 일반적으로 기업규모에 상관없이 포용적리더십이 증가할수록 관계중심몰입과 성과중심몰입이 증가하는 패턴을 보였다.

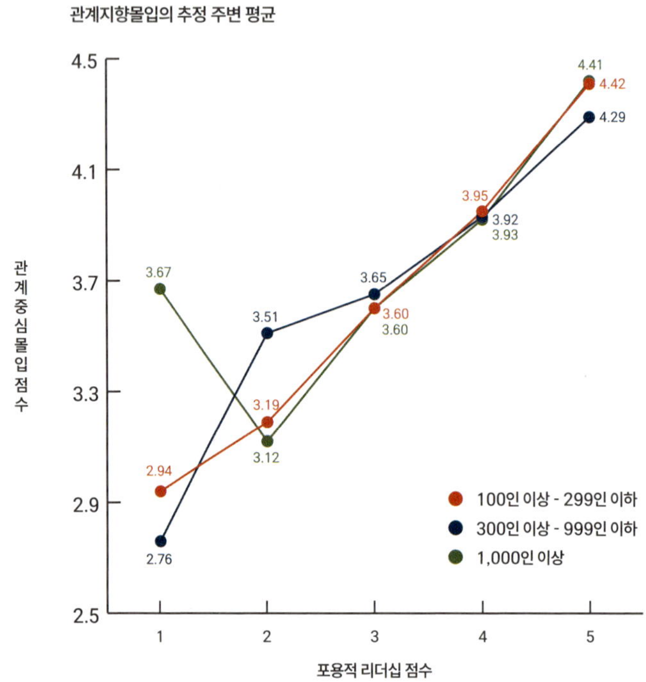

[그림 20] 포용적리더십과 관계중심몰입의 상관관계

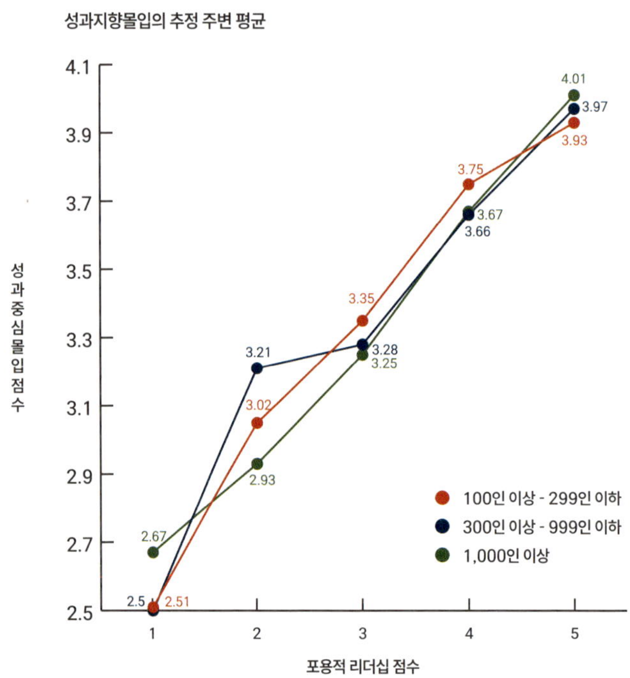

[그림 21] 포용적리더십과 성과중심몰입의 상관관계

요컨대, 개방형리더십의 경우는 기업규모와 관계없이 관계중심몰입 및 성과중심몰입 수준을 높인다는 것을 보여주었다. 폐쇄형리더십의 경우 300인 이상 중대형 기업에서는 관계중심몰입 U자형 패턴을 보였고, 중소기업은 폐쇄형리더십이 커질수록 몰입도가 높아지는 정적 관계를 보였다. 성과중심몰입은 중견기업이 U자형 패턴을 보인 반면, 소기업은 폐쇄적리더십이 증가할수록 몰입도가 급증하는 경향을 보였다. 포용적리더십은 일반적으로 모든 기업규모에서 관계중심몰입 및 성과중심몰입 모두에 대한 몰입수준을 높였다. 이러한 결과를 종합해보면, 폐쇄적리더십의 영향은 기업 규모에 따라 다양한 형태로 나타난다. 일반적으로 개방적리더십은 관계중심몰입과 성과중심몰입을 촉진하는 반면, 폐쇄적리더십은 기업규모와 관계없이 다양한 양상을 보인다고 해석할 수 있다.

리더십에 정답은 없지만, 맞는 리더십은 있다. 조직의 크기, 문화, 역사, 구조에 따라 리더십 스타일이 몰입에 미치는 영향은 달라진다. 무작정 포용을 외치기 전에, 우리 조직의 맥락에서 무엇이 포용이고, 어디까지가 폐쇄인지 정교한 진단이 필요하다. 특히 중소기업처럼 조직구조가 단순하고 상하 커뮤니케이션이 짧은 곳에서는, 폐쇄적 리더십조차도 일관성과 책임감을 기반으로 한다면 몰입과 성과를 끌어올릴 수 있다. 하지만 규모가 커질수록, 일방적인 리더십은 신뢰를 무너뜨리고 몰입을 해친다. 좋은 리더십은 성격이 아니라 구조에 맞는 설계이므로 몰입을 이끌기 위한 리더십은 조직의 규모와 특성을 고려한 전략적 선택이어야 한다.

07 1 더하기 1은 2보다 크다

· 재진(과장): "오늘 다들 고생했어! 한 명도 빠짐없이 다!"

· 미연(사원): "과장님도 고생하셨습니다."

· 재진(과장): "아마 다 같이 안 했으면 이런 결과 안 나왔을 거야. 급하게 논의되는 내용이어서 아이디어가 많이 필요했는데. 휴 한숨 돌렸네."

"자! 적의 기마가 온다! 방패진 대형으로!"라는 명령은 로마군의 목제 방패인 스쿠툼scutum을 사용하여 촘촘하게 대형을 이루는 방패진을 의미한다. 유사한 진법으로 창과 방패를 이용해 고슴도치처럼 만드는 팔랑크스phalanges도 있다. 이와 같은 방어 대형은 기마대의 진격이나 화살 공격을 막기 위해 사용되며, 방패가 얼마나 촘촘하고 견고하게 쌓이느냐에 따라 전투에서의 피해가 크게 줄어든다. 조직의 응집력 또한 이러한 방어 진법과 유사하다. 조직이 얼마나 단단하고 긴밀하게 협력하느냐에 따라 외부 충격이나 도전에 대한 대응력이 달라진다. 마치 방패진이 외부 공격을 막아내는 것처럼, 조직 내에서의 강한 응집력은 외부의 어려움이나 위기를 효과적으로 극복할 수 있다. 이를 통해 조직은 안정성과 효율성을 유지하며, 높은 성과를 달성할 수 있다. 방패진 대형이 전장에서 중요한 역할을 하듯, 조직 내의 협력과 응집력도 조직의 성공에 중요한 요소로 작용한다. 조직은 외부 도전에 강하게 맞설 수 있고, 내부적으로도 더욱 견고하고 탄탄한 구조를 유지할 수 있다.

직원이 소속된 부서나 소규모 팀에 대해 긍정적으로 생각하고 이를 통해 굳건한 관계성을 인식하는 수준을 응집성이라 하는데, HEI인적자원몰입패널 조사에서는 이러한 응집성이 실제로 직원의 몰입수준에 어떻게 영향을 미치는지 분석하였다. 팀응집성 수준이 보통 이하로 낮게 나타나는 경우 관계중심몰입 또한 보통 정도의 수준을 보였으나, 팀응집성이 높다고 인식하는 경우 관계중심몰입 수준은 보통 이상으로 증가했다. 성과중심몰입의 경우에도 팀응집성 수준이

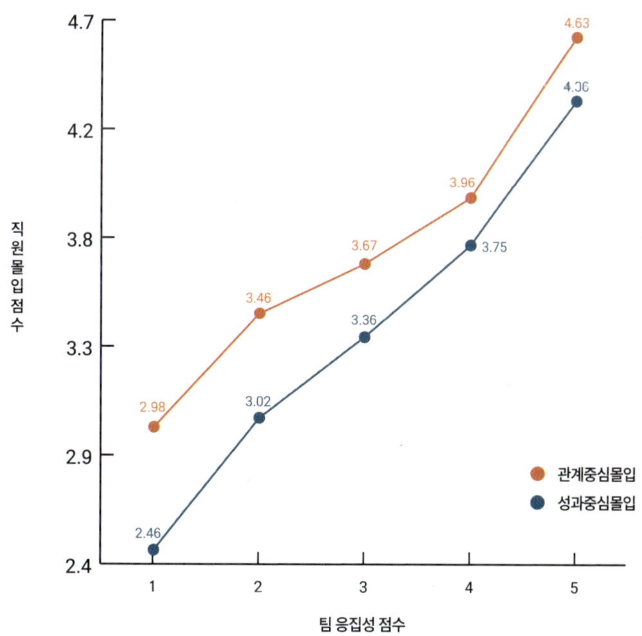

[그림 22] 팀응집성과 직원몰입의 상관관계

낮은 경우 다소 낮은 몰입수준을 보였으나 팀응집성을 높게 인식하는 경우 보통 이상으로 증가하였다. 즉, 부서나 소규모 팀의 응집성이 높을수록 직원의 몰입 수준이 높아지는 것으로, 관계중심몰입과 성과중심몰입 모두 증가하는 경향을 보인 것이다.

기업규모에 따른 팀응집성과 직원몰입 유형의 세부관계를 살펴본 결과, 기업규모와 상관없이 팀응집성이 높아질수록 관계중심몰입과 성과중심몰입 수준이 높아짐을 확인할 수 있었다. 이는 팀응집성이 직원몰입 수준에 긍정적인 영향을 미친다는 점을 뜻한다. 조직 내에서의 강한 응집력은 직원들이 자신의 업무와 동료들에게 더욱 몰입하게 하여, 궁극적으로 조직의 성공에 기여할 수 있다. 이와 같은 결과는 조직이 팀응집성을 강화하는 노력을 통해 직원들의 몰입도를 높이고, 이를 통해 더 나은 성과를 달성할 수 있다는 것을 보여준다. 조직은 응집성을 증진시키기 위한 다양한 전략과 프로그램을 고려해야 할 필요가 있다.

위와 같은 현상은 중소기업과 중견기업에서 다양한 차원에서 나타날 수 있다. 중소기업인 H사와 중견기업인 D사의 경우를 살펴보자. H사는 고객에게 맞춤형 피트니스 코칭 및 영양 계획을 제공하는 소규모 중소기업 회사다. 중소기업이기 때문에 소규모로 팀원이 꾸려지고 높은 응집력이 필요하다. 팀원들은 자주 의사소통하며, 긴밀하게 협력하여 강한 동지애와 팀 응집력을 이끌어 냈다. 그들은 건강과 웰니스에 대한 열정을 공유하였으며, 이는 긍정적이고 열정적인 업무환경 조성에 도움이 되었다. 결과적으로 H사의 팀원들은 회사와 자신의 업무에 대해 높은 수준의 몰입을 보유하게 되며 회사의 성공을 위해 직무 요구 사항을 뛰어넘을 가능성이 더 크게 된다.

반면, D사는 다양한 산업을 위한 산업용 기계를 생산하는 중견기업이다. 이 회사에는 비교적 독립적으로 운영되는 여러 부서가 있으며, 각 부서는 전문적인 역할을 수행하면서 협업이나 커뮤니케이션이 거의 없다. 그 결과 직원들 간의 팀 응집력이 낮아지고 회사와 업무에 대한 몰입도가 낮아졌다. D사의 팀원은 회사의 전반적인 성공보다는 개인 업무에 집중할 가능성이 크며, 이는 생산성과 혁신에 부정적인 영향을 미칠 수 있다.

이와 같은 사례는 극단적인 예시일 수도 있다. 그러나 최근 기업들이 사내복지와 더불어 직원 간에 응집력 강화를 위한 다양한 프로그램을 진행하고 있는 것을 보아, 분야별로 전문적인 역할이 강조되는 산업군에서도 관계개선 및 응집력 강화를 지원하는 것이 생산성과 혁신에 긍정적인 영향력을 행사한다는 점을 시사한다. 기업이 팀응집성을 높이기 위해 노력할 때, 직원들은 더 높은 몰입도를 보이며, 이는 궁극적으로 조직의 성공과 성과 향상에 기여하게 될 것이다.

팀응집성은 모든 조직의 전략 자산이다. 규모가 크다고 해서 응집력을 포기해선 안 되고, 작다고 해서 저절로 생기는 것도 아니다. 조직 내 응집성은 관계의 질이며, 곧 몰입의 질로 이어진다. 몰입한 구성원은 자신의 역할을 넘어서 조직의 성공에 기여하려는 동기를 갖게 된다. 기업이 크든 작든, 우리가 함께 일하고 있다는 감각이 없다면 성과와 혁신은 지체된다. 팀 응집력을 높이기 위한 리더십과 문화적 설계는 선택이 아닌 필수이다. 진짜 경쟁력은 기술이 아니라, 협력이다.

CHAPTER 05

직원몰입을 스스로 높이기 위해 알아야 할 N가지

○

1. 업무 주도적인 사람의 몰입 패턴
2. 빨리 배우는 사람의 몰입 패턴
3. 몰입에 날개를 달다, 디지털리터러시
4. 자율성의 해방과 성과의 역학
5. 잡크래프팅, 인생 크래프팅
6. 행복한 삶의 시작은 행복한 직장에 있다

01 업무 주도적인 사람의 몰입 패턴

· 재진(과장): "지선 대리. 이번에 온 신입들 어때? 일하는 스타일이 완전 다르던데?"

· 지선(대리): "네. 한 명은 엄청 적극적으로 배우려고 하다 보니 성과가 잘 나는 것 같고, 다른 한 명은 낯가림도 심하고 조심스러운 편인데도 의외로 성과가 잘 나요. 본인만의 스타일이 있는 것 같더라고요."

직원들의 업무 스타일은 제각각 다르다. 업무스타일을 분류하는 하나의 기준으로 업무목표를 어떠한 방향으로 설정하는지에 대한 직원의 동기 유형을 살펴볼 수 있다. 저서 『마인드셋』의 저자인 스탠퍼드대학교 심리학과 교수 캐롤 드웩 Carol S. Dweck 은 이를 목표지향성이라고 하고 크게 숙달성향과 수행성향으로 구분하였다. 조직에서 숙달성향이 강한 직원은 새로운 기술을 배우는 데 열중하고, 수행성향이 강한 직원은 동료들과 상사의 인정을 받는 데 집중한다. 숙달성향의 직원들은 낯선 환경에서도 빠르게 적응하고, 새로운 기술의 습득과 자기계발에 매진한다. 일할 때는 주변의 시선에 개의치 않고, 오로지 그 일의 본질을 이해하고 해결하는 데 몰두한다. 반면 수행성향의 직원들은 좋은 평가를 받고 싶어 하고, 타인의 평가를 행동의 기준으로 삼는다. 즉, 업무를 통해 자신의 능력을 입증하고, 정당성을 증명하기 위해 노력한다.

사람의 목표지향성은 '숙달/수행' 그리고 '접근/회피'를 기준으로 네 가지 유형으로 나뉜다. 숙달은 새로운 지식의 획득이나 기술의 학습 과정 그 자체를 즐기며 새로운 것을 배우려고 하고, 수행은 자신을 남과 비교하여 능력을 뽐내려는 태도를 뜻한다. 접근은 원하는 바를 성취하기 위해 다가서는 태도, 회피는 원하지 않는 두려워하는 결과를 피하려는 태도를 말한다. 이러한 기준을 바탕으로 숙달접근, 숙달회피, 수행접근, 수행회피의 네 가지 유형이 도출된다. 숙달접근형은 새로운 것을 배우고 익히는 과정을 즐기면서 목표에 다가서려 하고, 숙달회피형은 자신이 아직 서툰 분야를 피함으로써 역설적으로 숙달하고자 한다. 수행접근형은 자신이 뛰어나다는 것을 입증하려 애쓰는 반면, 수행회피형은 자신의 무능함이 드러나는 것을 피하고자 노력한다.

네 가지 목표지향성 유형은 몰입에 어떤 영향을 미칠까? 먼저, 숙달목표지향이 몰입에 어떠한 영향을 주는지 알아본 결과, 숙달접근형 직원은 맡은 과업을 깊이 이해하고 습득하는 데 초점을 둔다. 숙달접근 성향이 높은 직원일수록 동료와의 관계는 물론 성과 면에서도 몰입도가 높았다. 숙달회피형 성향과 몰입의 관계를 살펴본 결과, 숙달접근이 과업에 적극적으로 다가서는 자세라면, 숙달회피는 아직 서툰 과업을 회피하는 데 주력하는 편이다. 흥미롭게도 이런 숙달회피 성향 역시 높아질수록 관계중심몰입, 성과중심몰입 수준이 함께 상승했다. 즉, 업무에 숙달하려는 의지가 강한 직원들은 '적극적 도전'이든 '소극적 회피'든 간에 조직 내 관계와 성과 모두에서 몰입도가 높다는 사실을 알 수 있었다. 배우고 익히려는 열정숙달욕구이 강한 사람일수록 일과 관계 양면에서 몰입하는 경향이 있음을 보여준다.

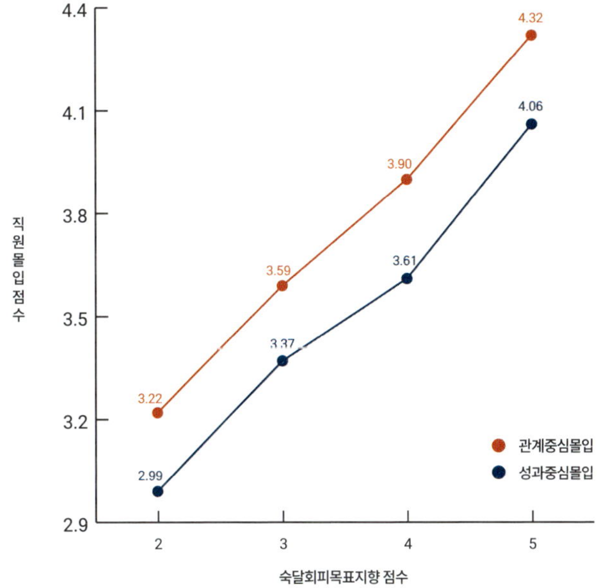

[그림 1] 숙달회피목표지향과 직원몰입의 상관관계

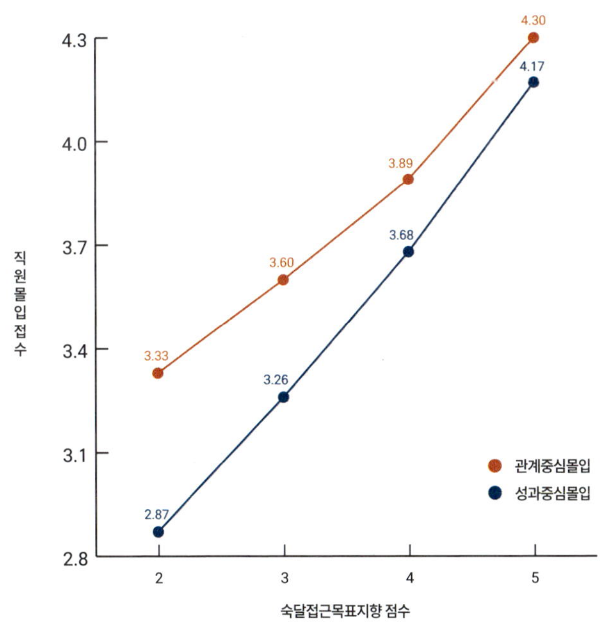

[그림 2] 숙달접근목표지향과 직원몰입의 상관관계

이해를 돕기 위해 숙달접근형과 숙달회피형 직원의 사례를 들어보자. A와 B라는 두 신입사원이 있고, 서로 다른 목표지향성을 가지고 있다. 숙달접근형인 A사원은 새로운 업무 방식과 기술을 익히는 과정에서 즐거움을 느낀다. 프로젝트를 진행하면서 팀원들과 더 긴밀이 협력관계중심몰입하게 되고, 개인성과 성과중심몰입도 향상된다. 반면, 숙달회피형인 B사원은 자신이 서툴 수 있는 업무나 기술을 피하는 데 주력한다. 그러면서도 자신이 잘하는 부분은 더 깊이 파고드는 모습을 보인다. B사원은 실수나 실패를 피해 가는 능력이 점점 늘면서, 팀원들과의 협력도 원활해지고, 개인성과도 오르게 된다. 두 사원은 각자의 목표지향성향에 따라 다른 방식으로 성장해 나간다. A사원은 새로운 것을 학습하며 역량을 확장하는 한편, B사원은 자신의 강점을 더욱 극대화하여 발전하는 것이다. 두 사원의 성장패턴은 상이하지만, 어느 쪽이든 조직에 의미 있는 성과를 안겨줄 수 있다. 나아가 이들이 속한 팀의 업무 방식과 조직문화 형성에도 영향을 미칠 것으로 보인다.

이번에는 수행지향성이 직원의 몰입에 어떤 영향을 미치는지 알아본 결과, 수행접근형 직원은 업무 그 자체보다는 동료들과 비교해서 '내가 더 유능하다'는 평가를 받는 데 관심이 많다. 재밌게도 이런 수행접근 성향이 아예 없을 때보다, 보통 수준일 때 오히려 관계중심몰입이나 성과중심몰입이 낮았으며, 이후 수행접근 성향이 보통 이상으로 강해지면, 몰입도도 함께 높아지는 형태를 보였다. 수행회피형 직원은 남들 눈에 무능해보이지 않으려 애쓰는 편이며, 수행접근형과 비슷한 몰입양상을 보였다. 수행회피 성향이 아주 약할 때보다, 보통일 때 관계중심몰입과 성과중심몰입이 오히려 떨어졌으며, 수행회피 성향이 보통 이상으로 강해지면, 관계나 성과중심몰입이 증가하는 경향을 보였다. 즉, 자신의 능력을 입증하려 하거나, 무능해 보이는 걸 피하려는 욕구가 아주 약하거나 강하면 오히려 직원의 몰입에 긍정적인 영향을 줄 수 있지만, 그 욕구가 중간 단계쯤 되면, 역으로 몰입도를 떨어뜨릴 수 있다는 점을 알 수 있다.

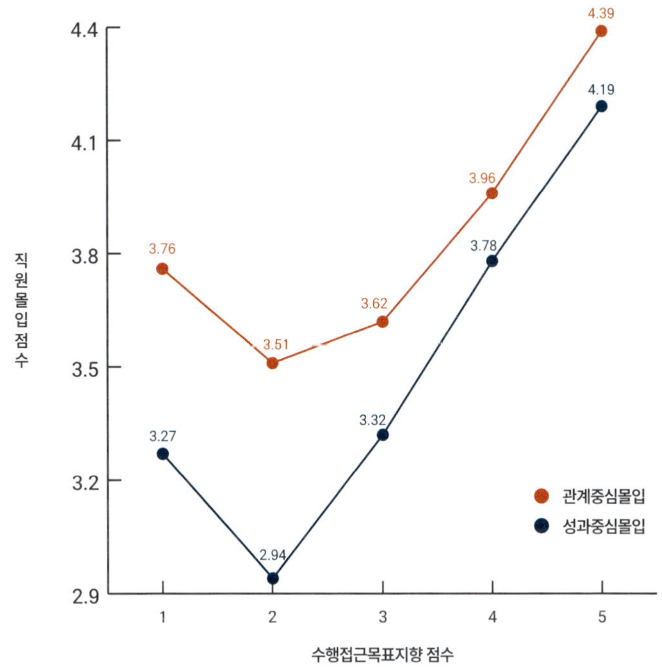

[그림 3] 수행접근목표지향과 직원몰입의 상관관계

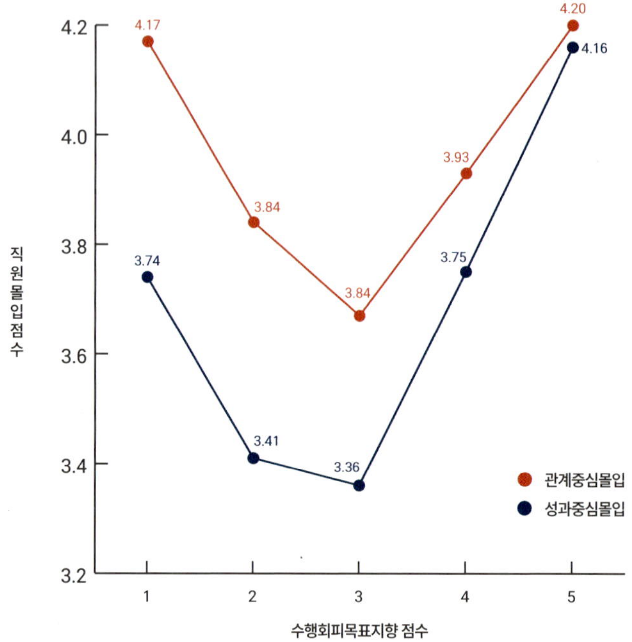

[그림 4] 수행회피목표지향과 직원몰입의 상관관계

A사원의 사례를 통해 수행접근형 직원의 몰입양상을 구체적으로 살펴보자. 수행접근형인 A사원은 동료들보다 더 빠른 업무처리에 집중하는 편이다. 회사 프로젝트를 진행할 때도 직원들을 앞지르려 애쓴다. 그런 A사원의 수행접근 성향이 약하면, 정작 팀관계에 대한 몰입과 개인성과가 낮아질 수 있다. 팀원들과의 협업보다 자신의 업무에만 매달릴 테니까. 하지만 A사원의 수행접근 성향이 적정수준 이상으로 높아지면 상황이 달라진다. A사원은 동료들보다 뛰어난 사원으로 인정받고 싶어서 더 열심히 일하게 되고, 그 결과 팀에 대한 애착과 개인성과가 동시에 높아질 수 있다. 종합하면, 적절한 강도의 수행접근 성향은 A사원으로 하여금 팀에 더욱 기여하도록 만든다. 개인의 성취와 팀의 성공을 함께 이뤄낼 원동력이 되는 셈이다. 수행접근형 직원이 조직에 긍정적으로 기능하려면, 동기부여의 강도를 적정수준으로 유지하는 것이 중요함을 보여준다.

수행회피형 직원의 경우, 몰입을 높이기 위한 개입이 덜 필요할 수 있다. B사원의 사례를 통해 좀 더 알아보자. 수행회피형인 B사원은 동료들 앞에서 능력 부족으로 비치는 걸 무척 꺼려한다. 새로운 업무를 배우기 힘들어하면서도, 그 사실을 팀원들에게 들키지 않으려 안간힘을 쓴다. 만약 이런 B사원의 두려움이 중간 정도라면, 팀 내 관계는 물론 개인성과에서도 몰입도가 떨어질 수 있다. 팀원들과 협업하기보다 혼자 힘으로 문제를 해결하려고 들 테니까. 그런데 흥미롭게도 B사원이 무능해 보이는 걸 보통 이상으로 두려워하게 되면, 오히려 팀과 본인의 성장에 도움이 될 수 있다. 부족한 모습을 들키지 않으려고 야근도 마다하지 않고 새로운 업무를 익히는 등 엄청난 노력을 기울일 테니 팀원들 모르게 자기개발을 하게 되는 것이다. 그 결과 B사원은 점차 팀에서 더 큰 기여를 하게 되고, 개인의 성취 수준도 한층 높아지고, 팀 전체의 성과 역시 덩달아 향상될 것이다. 적당한 강도의 수행회피 성향은 오히려 구성원의 능동적 노력을 끌어내 조직 발전의 계기가 될 수 있다. 다만 지나치게 약할 때의 부작용은 경계해야 한다.

02 빨리 배우는 사람의 몰입 패턴

· 석진(과장): "이번에 들어온 신입사원 중에 성격 좋은 친구 있던데. 퍼포먼스도 좋은 편인가?"

· 민경(대리): "네 과장님. 퍼포먼스도 높고, 동기들 평판도 좋습니다. 센스도 있고, 재빠른 사원이에요."

민경대리가 칭찬한 신입사원처럼 빠른 속도로 배우고 적응하는 사람들을 일컬어 '학습민첩성'이 높다고 말한다. 학습민첩성이란 경험에서 배우고자 하는 의지와 능력을 뜻하며, 처음 마주한 낯선 환경에서도 유연한 자세로 신속하게 배워나가는 역량을 말한다. 이런 학습민첩성은 롬바르도Lombardo와 아이힝거Eichinger가 처음 개념을 정립한 이래, 핵심인재를 가려내는 중요한 기준으로 떠오르고 있다. 학습민첩성이 뛰어난 사람은 핵심인재로 성장할 잠재력이 크다. 늘 새로운 도전을 찾아 나서고, 다른 이들의 피드백에 적극적으로 귀 기울이며, 스스로의 경험을 깊이 성찰한다. 배움과 성장 자체를 즐기기에 실질적이고 유용한 성과를 낼 가능성이 높다.

학습민첩성이 몰입에 미치는 영향을 확인하기 위해, HEI인적자원몰입패널 조사결과를 분석해보았다. 분석결과, 학습민첩성이 높은 직원일수록 동료들과의 관계중심몰입 수준이 향상되는 것으로 나타났다. 새로운 것을 배우고 적응하는 속도가 빠른 사람들은 회사 내에서 더 돈독한 유대감을 쌓는 경향이 있다는 것이다.

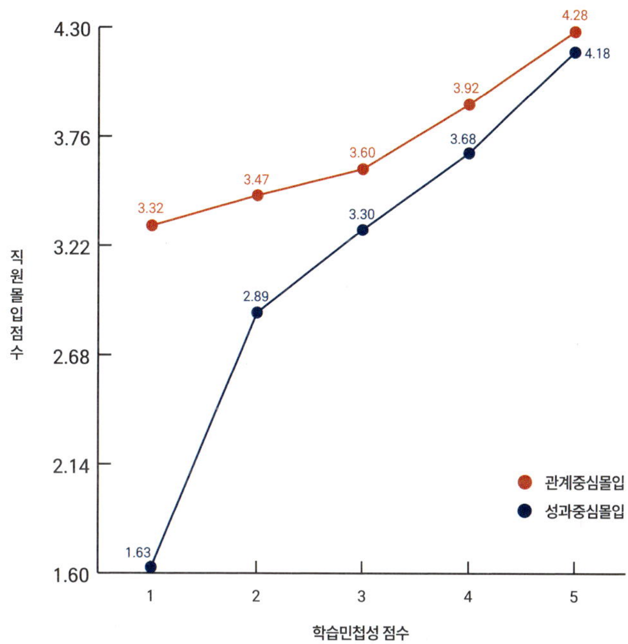

[그림 5] 학습민첩성과 직원몰입의 상관관계

업무성과에 대한 몰입 역시 학습민첩성과 밀접한 관련이 있었다. 학습민첩성이 낮은 직원들의 성과 몰입도는 대체로 떨어지는 편인 반면, 학습민첩성이 높은 직원들은 성과중심몰입도 역시 높은 수준을 보였다. 이를 통해 개인의 학습역량이 조직 내 관계는 물론, 업무 성취도에도 직접적인 영향을 줄 수 있음을 확

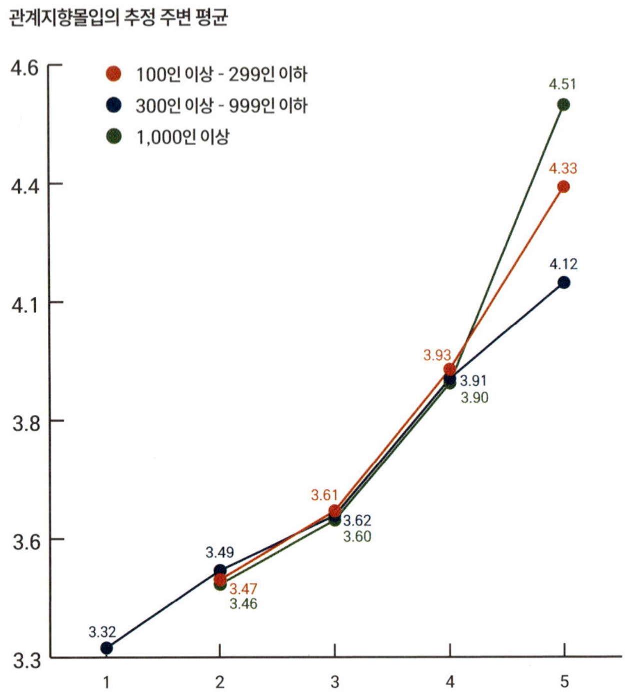

[그림 6] 기업규모별 학습민첩성과 관계중심몰입 간 경향성

인할 수 있었다. 빠르게 배우고 적응하는 능력은 개인의 성장을 넘어 조직 전체의 역량 강화로 이어질 수 있는 셈이다.

학습민첩성과 몰입의 관계에서 또 하나 주목할 점은, 이러한 경향이 기업의 규모와는 무관하게 일관되게 나타난다는 사실이다. 대기업이든 중소기업이든, 학습민첩성이 높은 직원일수록 동료들과의 관계중심몰입과 성과중심몰입 수준이 높아지는 패턴을 보였다. 회사의 크기나 업종에 상관없이, 빠른 학습능력은 조직 내 협력과 개인의 성취감을 끌어올리는 원동력이 된다는 뜻으로 볼 수 있다. 이는 학습민첩성이 개인과 조직 모두에게 보편적으로 긍정적인 영향을 미치는 요인임을 시사한다. 새로운 지식을 습득하고 변화에 적응하는 민첩성은 조직의 규모나 특성을 떠나 궁극적으로 경쟁우위를 가져다주는 핵심 역량으로 작용할 수 있다.

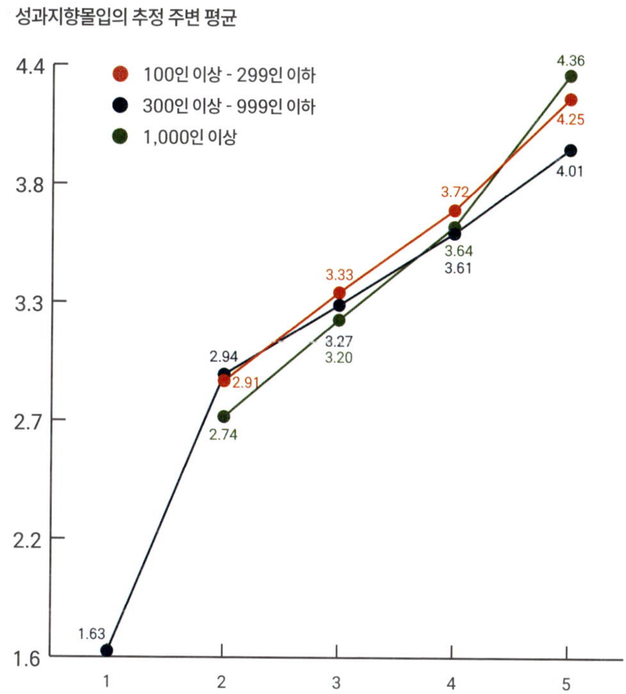

[그림 7] 기업규모별 학습민첩성과 성과중심몰입 간 경향성

따라서 기업은 조직의 규모나 업종에 구애받지 않고, 학습민첩성이 직원의 잠재력과 가치를 판단하는 주요 기준으로 자리매김하고 있는 만큼 조직 차원에서도 이런 인재를 적극 발굴하고 육성할 필요가 있다. 민첩한 학습 능력을 갖춘 직원들이 더욱 힘을 발휘할 수 있도록 뒷받침하는 일이 기업의 경쟁력을 좌우할 수 있는 과제로 보인다.

03 몰입에 날개를 달다, 디지털 리터러시

· 지혜(사원): "과장님, 혹시 이 이미지 샘플 디자인 과장님께서 하신 거예요? 언제 디자인도 배우셨어요?"

· 재진(과장): "아, 최근에 텍스트만 입력하면 제품 디자인을 해주는 프로그램이 있더라고. 해당 제품에 관한 외부 이미지를 글로 잘 묘사하면 그려주니까 편하던데."

인공지능AI 플랫폼의 발전이 계속되면서, 텍스트를 입력하면 일러스트레이터 수준의 그림을 그려주는 웹 서비스들이 등장하고 있다. 최근에는 플랫폼 간의 융합이 이루어져, 텍스트만 입력하면 영상 편집까지 가능한 서비스 수준에 이르렀다.

디지털리터러시digital literacy는 현대 사회에서 디지털 기술을 활용하여 정보를 안정적으로 확보하고, 적절하게 탐색, 관리, 이해, 통합하는 능력을 의미한다. 미국의 미디어 교육학자 루블라M. Rubbla와 베일리G. Bailey는 디지털리터러시를 디지털 기술을 사용할 줄 알며, 언제 어떻게 활용할지를 아는 능력이라고 규정하고 있다. 과거에는 PC 사용 및 워드, 엑셀 등의 기초 문서작성 프로그램 사용 능력에 초점이 맞춰졌지만, 최근에는 다양한 프로그램 및 플랫폼 활용 능력까지 그 범위가 확장되고 있다. 그렇다면, 내가 일하는 부서의 팀장이 지닌 디지털리터러시 수준은 팀원들의 몰입도와 어떠한 관련성이 있을까?

직원 본인이 인식하는 자신의 디지털리터러시 수준과 자신의 상사가 지닌 디지털리터러시 수준에 따른 직원몰입 유형을 살펴보았다. 먼저 상사의 디지털리터러시 수준과 자신의 몰입 유형과의 관계성을 살펴보면, 상사의 디지털리터러시가 아주 낮은 수준에서부터 보통 수준까지는 오히려 관계중심몰입 수준이 낮아지는 것으로 확인되었으나, 상사의 디지털리터러시 수준이 보통 이상으로 증가하였을 경우에는 관계중심몰입 수준 역시 증가하는 U자형 형태가 나타났다.

이를 VR·AR과 같은 실감형콘텐츠 개발 프로젝트 팀에 비유해 보자. 팀장의 디지털리터러시의 능력치가 부족하다면, 직원은 필요한 지침이나 지원을 받는데 어려움을 겪을 수 있다. 그러다 보면 자연스럽게 팀에 대한 소속감이나 유대감도 약해질 수밖에 없다. 반대로 팀장의 디지털리터러시 역량이 뛰어나면 어떨까? 프로젝트에서 다루는 디지털 기술에 대한 이해도 깊어지고, 전반적인 업무 관리 능력도 한 단계 업그레이드될 것이다. 이는 곧바로 직원들의 전반적인 몰입도 향상으로 이어진다. 즉, 직원들은 상사가 디지털 기술에 대해 잘 알고 있다고 느낄 때, 한층 더 신뢰하고 팀의 성공에 몰입할 가능성이 높다.

이는 마치 내비게이션을 사용하는 운전자상사와 비슷하다. 내비게이션 사용디지털리터러시을 거의 모르거나 기본적인 이해만 있다면, 효율적인 경로 탐색 능력성과은 크게 향상되지 않는다. 그러나 내비게이션을 능숙하게 다루는 법을 터득하고 나면, 최적의 경로로 목적지를 정확하게 찾아갈 수 있게 된다. 디지털리터러시의 수준에 따라 성과가 판이하게 달라지는 것과 마찬가지이다.

한편, 구성원 스스로의 디지털리터러시 수준 또한 몰입과 밀접한 관계가 있다.

연구결과에 따르면 본인의 디지털리터러시 수준이 아주 낮거나 다소 낮으면 관계중심몰입과 성과중심몰입이 함께 떨어지는 경향을 보였지만, 디지털리터러시가 보통 이상으로 높아지면, 관계중심몰입과 성과중심몰입 수준이 증가하는 U자형 형태를 보였다. 프로그램 개발사 직원의 사례에 적용해 보자. 해당 직원의 디지털리터러시 수준이 부족하다면, 동료들과 원활히 협업관계중심몰입하거나 우수한 소프트웨어를 개발성과중심몰입하기 쉽지 않을 것이다. 반대로 프로그래밍 실력이 보통을 넘어선다면 협력의 질도 높아지고 성과물의 완성도 역시 향상될 것이며, 관계중심몰입과 성과중심몰입이 동반 상승하는 결과로 이어질 수 있다.

디지털리터러시는 개인과 조직차원에서 직원몰입이라는 열매를 맺는 뿌리와 같다. 디지털리터러시 역량이 조직의 토양을 비옥하게 만들어, 구성원들이 관계와 성과 양 측면에서 긍정적으로 몰입할 수 있는 환경을 조성하는 셈이다. 그러니 개개인은 물론, 조직 전체가 디지털리터러시 향상에 더욱 집중할 필요가 있어 보인다.

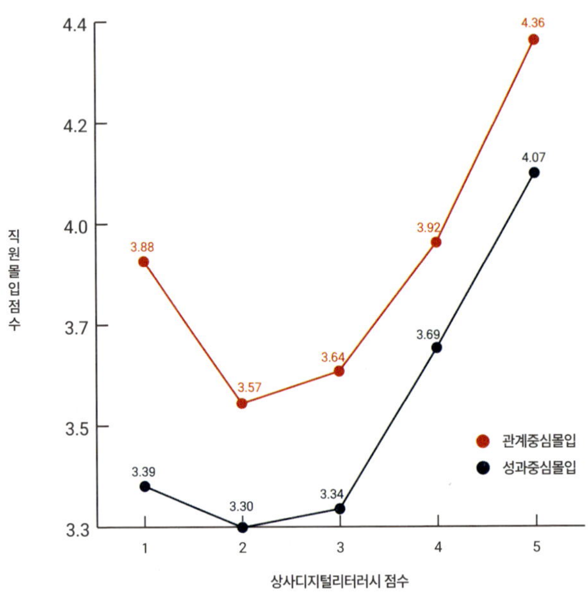

[그림 8] 상사 디지털리터러시와 직원몰입 간 경향성

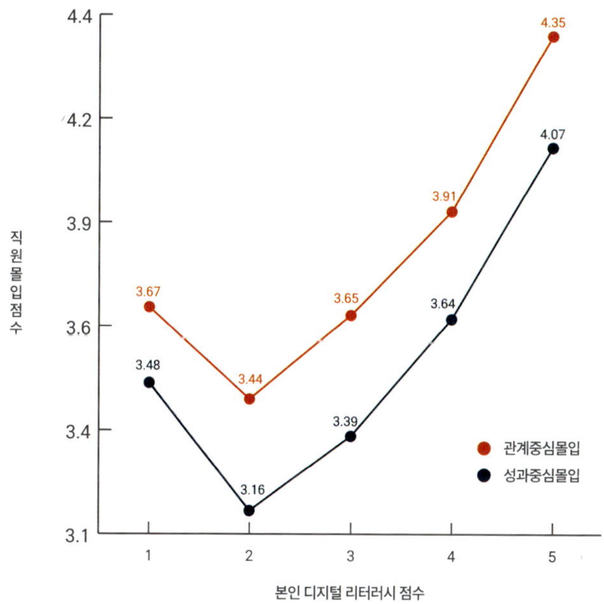

[그림 9] 본인 디지털리터러시와 직원몰입 간 경향성

그렇다면, 기업의 규모에 따라 디지털리터러시와 몰입도의 관계는 어떻게 달라질까? 중소기업, 중견기업, 대기업 등 조직의 크기별로 상사와 구성원 본인의 디지털리터러시 역량이 미치는 영향력을 분석해 보았다. 그 결과, 300인 이하 중소기업에서는 흥미로운 패턴이 발견되었다. 상사나 본인의 디지털리터러시가 현저히 낮다고 인식될 때, 오히려 보통 수준일 때보다 관계 및 성과중심몰입이 높게 나타났다. 이후 디지털리터러시가 보통 이상으로 향상되면, 몰입도 역시 같이 올라가는 U자형 형태를 보였다. 반면, 중견기업이나 대기업에서는 조금 다른 양상을 보였다. 대체로 상사 또는 본인의 디지털리터러시가 높아지면 동시에 관계중심몰입 및 성과중심몰입 수준이 상승하는 비례관계가 확인되었다.

이를 기업의 프로젝트팀에 비유해 보았을 때, 가령 중소기업에 속한 팀원들과 PM프로젝트 매니저의 디지털리터러시 수준이 낮다고 가정해 보자. 흥미롭게도 이런 팀의 협력관계중심몰입과 프로젝트 성공가능성성과중심몰입은 보통 수준의 팀보다 높게 나타날 수 있다. 작은 규모의 조직에선 구성원들의 역량이 부족하면 오히려 끈끈한 동료애와 서로에 대한 의존도를 높여서, 관계와 성과 양면의 몰입을 북돋울 수 있기 때문이다. 하지만 최정상급 실력을 갖춘 대기업 프로젝트팀이라면 얘기가 달라진다. 이 경우엔 팀원들의 업무능력디지털리터러시이 뛰어날수록 팀워크는 물론 프로젝트 성공가능성까지 일관되게 높아질 것이다. 이처럼 디지털리터러시가 직원 몰입에 미치는 효과는 기업의 규모에 따라 조금씩 다른 면모를 보인다. 따라서 조직의 크기와 특성을 고려해 직원들의 디지털리터러시와 몰입을 관리하는 맞춤형 전략이 필요해 보인다. 기업은 규모별로 디지털리터러시가 발휘하는 효과가 달라질 수 있음을 직시하고, 그에 걸맞은 접근법을 모색할 때이다.

04 자율성의 해방과 성과의 역학

· 미연(사원): "대리님. 요청하신 내용 다 했습니다. 그리고 이 부분 누락된 것 같아서 자료 조사해서 따로 출력해서 드립니다."

· 지선(대리): "아 미연님. 고마워요. 안 그래도 이 부분 자료 좀 더 넣을까 고민했었는데, 넣는 것이 훨씬 나은 것 같네요. 어쩜 이렇게 안 시킨 것까지 다 찾아주실까. 매번 고마워요~"

상사가 말하지 않은 것까지 알아서 해내는 직원, 누구나 함께 일하고 싶어 할 것이다. 이런 능동적인 업무태도는 어디에서 비롯될까? 영화감독 봉준호의 사례에서 힌트를 얻을 수 있다. "믿고 보는 봉준호." 이 문장은 영화감독 봉준호의 선견지명과 능력치를 강조하는 말이다. 즉, 그는 본인의 믿음과 생각, 그리고 내러티브를 화면에서 시각화하고 실행하는 능력을 인정받았고, 이런 능력들이 모여 "믿고 보는 봉준호"라는 표현이 만들어진 것이다. 그런데 만약, 봉준호 감독에게 제작사가 미장센을 강요하고, 투자사가 다른 스토리라인을 요구했다면 그와 같은 결과가 나왔을까? 아마도 "믿고 보는 봉준호"라는 평가를 받기는 어려웠을 것이다.

여기서 우리는 '자율성'의 개념을 생각해 볼 수 있다. 직무자율성은 직무를 수행하는 절차와 계획을 결정하는 데 있어서 구성원에게 허용되는 자율적이고 독립적인 재량권의 정도를 뜻한다. 의사결정, 업무방식, 업무계획 등 직무에 있어 다양한 부분을 직원이 스스로 판단하고 직접 결정을 내릴수 있는 자유가 보장될 때, 해당 직원은 책임감을 경험하며 조직에 대한 긍정적인 태도를 취할 수 있고 직무와 전문성에 더욱 몰입할 수 있게 된다.

실제로 직원들이 체감하는 직무권한과 자율성 수준에 따라 몰입도가 어떻게 달라지는지 살펴보았다. 그 결과, 보통 이하로 직무자율성을 인식할 때는 관계중심몰입 수준 역시 보통 정도로 확인되었으나, 직무자율성을 높게 인식할 때는 점차 증가하는 것으로 나타났다. 자율성에 대한 만족도가 팀워크와 소속감 향상으로 이어지는 셈이다. 성과중심몰입 역시 직무자율성과 밀접한 관련이 있었다. 업무에서 충분한 재량권을 누리지 못한다고 생각하는 직원일수록 성과중심몰입은 낮았던 반면, 자율성 수준을 높게 평가하는 직원은 업무 성취도 면에서도 높은 몰입을 보였다. 즉, 직무자율성에 대한 인식이 높은 구성원일수록 조직 내 관계와 성과 두 측면 모두에서 몰입도가 향상되는 경향이 뚜렷했다.

봉준호 감독에게 창의적 재량권을 보장한 것처럼, 조직 역시 구성원 개개인의 자율성을 존중하고 배려할 때 그들의 몰입을 이끌어 낼 수 있다. 자율성은 직원들을 수동적인 업무처리자가 아닌 주도적인 문제해결사로 바꾸어 놓는 힘을 지녔다. 미연 사원처럼 스스로 판단하고 행동하는 인재들이 조직의 곳곳에서 빛을 발할 수 있도록, 적극적으로 자율권을 부여하는 리더십이 절실히 요구되는 시점이다.

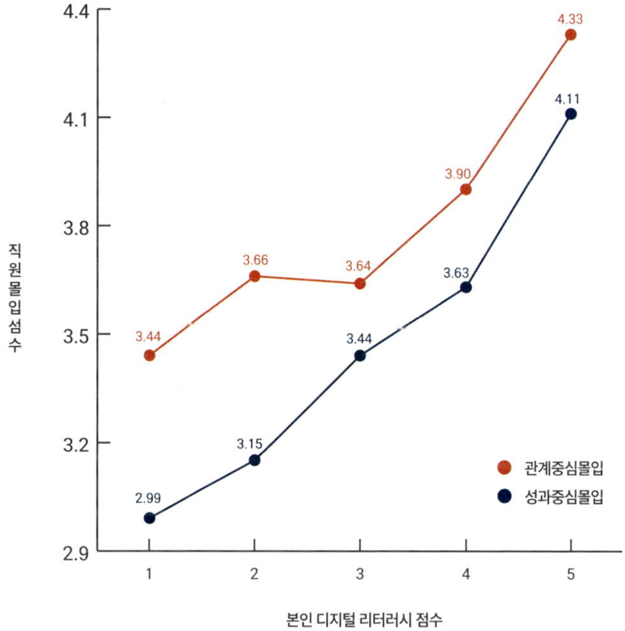

[그림 10] 직무자율성과 직원몰입의 상관관계

세계적인 기업으로 손꼽히는 구글Google 및 애플Apple은 직원들에게 남다른 자율성과 업무 유연성을 부여하기로 유명하다. 이런 환경 속에서 구글러와 애플리언들은 업무에 더욱 능동적으로 임하게 되고, 자신이 회사의 성공에 직접 기여하고 있다는 자부심도 크게 느낄 수 있었다고 보고하였다. 구글과 애플의 사례는 다른 기업들에게도 큰 영감을 주어, 업무 자율성을 높이고 구성원들의 헌신을 촉진하기 위한 다양한 전략들이 속속 도입되고 있다. 예를 들어, 재택근무나 유연 근무와 같은 제도를 마련해, 직원들이 일과 삶의 균형을 맞추는 동시에 스스로 업무를 통제할 수 있는 권한을 부여하고 있다. 의사결정 과정에서도 변화의 바람이 불고 있다. 일부 기업들은 구성원들이 자신의 업무에 영향을 미치는 결정에 적극적으로 의견을 개진할 수 있도록, 참여 중심의 의사결정 프로세스를 채택하고 있다. 직원들이 회사에 주인의식을 갖게 되고, 조직에 대한 애착과 몰입도 한층 깊어지게 된다.

자율성을 뒷받침하는 다채로운 정책들은 기업의 규모를 불문하고 널리 시행되는 추세이다. 대기업부터 중소기업에 이르기까지, 구성원들에게 더 많은 재량권과 유연성을 부여하기 위해 다방면으로 노력하고 있다. 구글과 애플이 선도한 자율성은 이미 기업 문화의 대세로 자리 잡았다고 해도 과언이 아니다. 통제와 감시보다는 신뢰와 존중에 기반한 근무 환경을 조성하는 일, 그것이 직원들을 진정한 의미의 주체로 설 수 있게 하는 지름길임을 많은 조직들이 깨닫고 있다. 직원들이 스스로 잠재력을 극대화할 수 있도록 적극적으로 지원하는 것이야말로 조직과 구성원이 함께 성장하는 지속가능한 발전의 길이 될 것이다.

05 잡크래프팅, 인생 크래프팅

· 재진(과장): "너네 회사는 공공기관이라서 그런지 진짜 시키는 것만 하는 것 같더라. 아무래도 우리 중소기업이라서 그런지 잡크래프팅의 범주가 좀 넓은 편이야."

· 석진(과장): "좋겠다. 우리 조직은 아무래도 공공업무를 하다 보니까 그렇게 만들기가 힘들어. 조금이라도 선 넘는다 싶으면 바로 잘라내거든."

잡크래프팅job crafting은 '자신에게 주어진 업무를 스스로 변화시켜 일을 더욱 의미 있게 만드는 활동'으로 직장인이 단순히 월급을 받기 위해 일한다는 인식에서 벗어나, 업무만족도와 행복감을 높이기 위해 자기에게 주어진 일의 범위 내에서 자발적이고 능동적인 자세로 의미 있는 변화를 만들어내는 과정을 말한다. 단순히 월급을 위해 일한다는 인식에서 벗어나 업무 만족도와 행복감을 높이기 위해 능동적으로 노력하는 것이다.

잡크래프팅은 직무를 수행하는 과정에서 직원 나름의 방식으로 일을 재창조하는 행위를 포함하며, 유연한 문제해결능력을 기르고, 복잡한 직무도 효과적으로 헤쳐나갈 수 있는 원동력이 된다. 그렇다면 잡크래프팅은 직원들의 몰입과 어떤 관계가 있을까? 분석결과 잡크래프팅 수준이 낮은 직원들은 동료들과의 관계는 물론 성과 면에서도 몰입도가 상대적으로 떨어지는 것으로 나타났다. 반대로 잡크래프팅 수준이 높은 직원들은 관계와 업무성취, 양 측면에서 더 높은 몰입감을 보였다. 자신만의 노하우로 업무를 재구성하고 개선하려는 노력은 일에 대한 자부심과 열정을 높이는 동시에, 동료들과의 협력관계도 더욱 공고히 하는 듯하다.

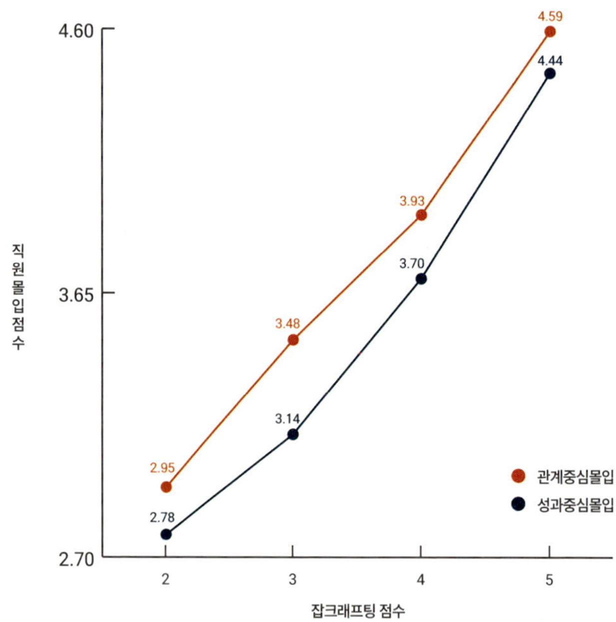

[그림 11] 잡크래프팅과 직원몰입의 상관관계

기업규모에 따른 잡크래프팅과 직원몰입의 양상을 살펴본 결과, 기업규모와 상관없이 잡크래프팅이 높아질수록 관계중심몰입과 성과중심몰입 수준이 높아지는 것을 확인할 수 있었다. 대기업이든 중소기업이든, 구성원들이 자신만의 방식으로 업무를 재구성하고 개선할 수 있을 때 조직에 대한 애착과 일에 대한 열정이 고조된다. 잡크래프팅은 그 자체로 기업 문화의 혁신을 이끄는 촉매제로 볼 수 있다.

세계적인 회사들은 최근 직원들에게 자율성과 자기 주도적인 업무 수행을 강조한다. 직원들의 창의성과 역량을 높이고 성과를 극대화해 조직의 성과를 높이기 위한 전략적인 선택이라고 할 수 있다. 마케팅 및 판매 소프트웨어 회사인 허브스팟HubSpot은 "컬쳐 코드culture code"라는 이름의 기업 문화 정책을 통해, 직원들에게 잡크래프팅의 기회를 제공하고 있다. 업무에 대한 직원의 자율성과 주인의식을 강조하는 한편, 끊임없는 성장을 위한 새로운 도전과 기회를 찾도록 권장하는 것이다.

마찬가지로, 디지털 마케팅 대행사인 더블유프로모트Wpromote 역시 비슷한 접근법을 취한다. 직원들이 자신의 역할을 재구성하고 관심사를 지속적으로 추구하도록 지원하며, 성장, 적응성 및 혁신적인 문화를 조성함으로써 만족도를 높이고 비즈니스 성과를 개선하고 있다. 또한, 디지털 마케팅 및 소셜 미디어 간행물인 소셜미디어투데이Social Media Today는 직원들이 자신의 장점과 관심사에 따라 직무를 맞춤화할 수 있도록 독려한다. 직원들은 자신이 관심과 열정이 있는 주제에 대해 글을 쓰고 본인의 경력 목표와 일치하는 프로젝트를 선택하고 이에 몰입할 수 있도록 재량권을 부여하는 식이다. 이처럼 자율성에 기반한 자기 주도적인 업무 수행은 직원들의 창의성과 역량을 높이고 성과를 극대화하는 동시에, 조직 전반의 분위기를 개선하는 데도 효과적이다. 자기 주도적으로 일하는 직원들의 열정이 모여, 회사의 성과로 직결되는 선순환 구조를 만들어 내는 것이다.

결국 잡크래프팅은 직원 개인의 성장은 물론, 조직의 발전에도 크게 기여하는 혁신의 동력이라 할 수 있다. 직원들이 일의 가치와 의미를 스스로 재창조할 수 있도록 뒷받침하는 것, 그것이 기업이 견지해야 할 핵심 가치이자 경쟁의 원천이 아닐까? 기업의 규모나 업종을 막론하고, 잡크래프팅을 장려하는 개방적이고 유연한 조직문화를 구축하는 데 힘써야 할 때이다. 구성원 개개인의 창의적 잠재력이 마음껏 꽃피는 환경 속에서, 우리는 직원과 조직이 함께 성장하는 밝은 내일을 기대해 볼 수 있을 것이다.

06 행복한 삶의 시작은 행복한 직장에 있다

· 이나(프로젝트 매니저): "진아님 출퇴근 힘들지 않으세요? 왔다 갔다 2시간이면 꽤 힘들 텐데?"

· 진아(프로젝트 매니저): "아~ 이나님. 출퇴근이 힘들긴 해도 괜찮아요. 예전 다녔던 회사는 너무 분위기가 안 좋아서 그게 더 힘들었었어요. 지금은 우리 회사에 만족하면서 다니고 있어요."

최근에 만난 친구도 진아 매니저처럼 출퇴근이 버거운 환경에서 일하고 있다. 하루 2시간씩 출퇴근에 허비하고, 종종 야근까지 하느라 눈코 뜰 새 없이 바쁨에도 불구하고 늘 밝은 얼굴로 기분 좋게 출근하는 모습이 부럽기도 했다. 친구의 말을 들어보니, 자신의 분야가 적성에 딱 맞아서 행복하다고 한다. 돈을 좀 더 모아 이사 가려고 고군분투 중이지만, 일 자체에 보람을 느끼니 힘든 줄도 모르겠다고 한다. 다른 게 부족하더라도 꾸준히 내 업무와 직장에 만족하게 만드는 것, 바로 직무만족의 힘이 아닐까 싶다. 직무만족은 개인이 자신의 일이나 직무 경험에 대한 평가의 결과로 얻게 되는 즐겁고 긍정적인 마음가짐을 말한다. 자신이 수행하는 업무 자체는 불만족스러워도 동료나 환경 덕분에 만족도가 높아지기도 하고, 급여는 아쉬워도 맡은 일에 대한 보람으로 전반적인 직무만족도가 향상되는 경우도 있다.

직원이 자신의 직무에 만족하는 수준과 이에 관한 결과로서 직원몰입 유형과의 관계성을 살펴보자. 직무만족을 보통 이하로 인식할 때는 동료들과의 관계중심몰입 수준도 그저그런 편이었지만, 직무에 대해 만족감이 클때는 관계중심몰입도가 함께 올라가는 것으로 나타났다. 성과중심몰입 역시 마찬가지로, 직무만족이 아주 낮거나 다소 낮은 상황에서는 성과중심몰입 수준이 떨어지는 경향을 보였으나, 일에 대한 만족도가 높은 직원들은 뚜렷한 성과를 내는 데도 열중하는 모습을 보였다. 이러한 결과는 행복한 직장생활이 삶의 질을 좌우한다는 중요한 깨달음을 준다. 구성원 개개인이 일에서 진정한 보람과 즐거움을 느낄 때, 그들은 동료들과 더 긴밀히 협력하고 탁월한 성과를 이뤄내는 데 몰입하게 된다.

기쁜 마음으로 출근할 수 있다는 건 얼마나 소중한 일일까? 일터에서 맛보는 행복과 성취감은 우리 인생의 자양분이 되어준다. 행복한 직장이 행복한 삶의 토대임을 잊지 말아야 한다. 구성원 모두가 일터에서 웃을 수 있을 때, 우리는 비로소 개인의 꿈은 물론 조직의 미래까지 힘차게 펼쳐 나갈 수 있을 것이다.

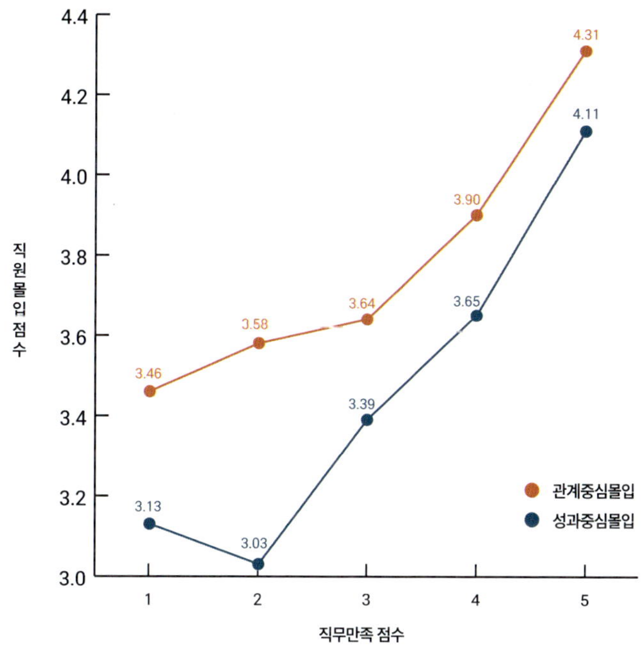

[그림 12] 직무만족과 직원몰입의 상관관계

기업규모에 따른 차이를 살펴보고자 추가적인 분석을 수행한 결과, 기업규모와는 상관없이 직무만족이 높아질수록 구성원들의 관계중심몰입과 성과중심몰입 수준도 뚜렷하게 향상되는 경향이 발견되었다. 대기업이나 중소기업 할 것 없이, 자신의 일에 대해 긍정적으로 평가하고 즐거움을 느끼는 직원들은 동료들과 더욱 끈끈한 유대감을 쌓으며 업무에도 몰두하는 자세를 보인다. 직무만족은 조직 내 인간관계는 물론 성과 창출 면에서도 핵심적인 역할을 하고 있음을 알 수 있다.

기업들도 이런 점을 깊이 인식하고, 직원들의 직무만족을 높이기 위해 다각도로 노력하고 있다. 신발 유통업체 자포스 Zappos는 이러한 점에서 회사가치를 요약하고 확인할 수 있는 책자를 제공하여 직원들이 자신의 능력을 최대한 발휘할 수 있도록 돕는다. 나아가 유급 육아휴직과 등록금 환급 같은 혜택을 제공하여 직원들이 회사로부터 든든한 지지를 받고 있음을 느낄 수 있도록 배려하고 있다. 호텔 체인 힐튼Hilton은 여행 및 숙박 할인, 건강 및 웰니스 프로그램, 경력개발기회 등 다양한 혜택을 제공하여 직원 만족을 최우선으로 생각하며, 긍정적인 일과 삶의 균형, 포용성 및 다양성을 장려하는 문화를 가지고 있다. 소프트웨어 회사 어도비Adobe는 직원의 건강과 일과 삶의 균형에 중점을 두어 업무만족도를 향상시키기 위해 유연한 근무제도와 함께 요가와 명상 수업 등 다양한 웰니스 프로그램wellness program을 제공한다. 이와 같은 지원프로그램들은 직원들이 자신의 역량을 더욱 높일 수 있도록 도와주며, 직무에 대한 만족도와 자기계발을 촉진하여 직원들의 몰입도와 업무성과를 향상시킨다.

앞선 사례가 우리에게 던지는 메시지는 명확하다. 직원들이 일에서 진정한 행복과 보람을 느낄 수 있도록 세심히 배려하는 것, 그것이 조직의 번영을 이끄는 지름길이라는 것이다.

CHAPTER 06

대한민국 인게이지먼트 트렌드

직원과 기업,
결국 몰입

급변하는 시대를 따라잡고, 혁신을 주도하기 위해 기업은 오랫동안 만들어왔던 고유한 조직문화를 바꾸어가면서까지 직원 몰입을 도모하기 위한 끊임없는 노력을 지속하고 있다.

휴먼인게이지먼트연구소가 개발한 몰입모델 중 관계중심몰입은 직원과 직장, 동료, 리더 사이의 정서적 연결과 관련이 있으며, 업무환경에서 느끼는 신뢰, 존중, 지원 수준 등과 관련됨을 확인할 수 있다. 성과중심몰입은 목표와 그에 따른 직원의 동기에 중점을 두며, 여기에는 명확성, 피드백, 인식, 개발기회 등의 요소가 포함되어 있다.

기업은 각 직원의 요구와 우선순위에 맞게 다양한 전략을 모색할 필요가 있다. 직원의 요구와 우선순위는 직원몰입 관계중심몰입, 성과중심몰입 을 측정하고 분석한 결과에서부터 접근할 경우 더욱 쉽게 맞춤형 전략을 모색할 수 있다. 이러한 전략의 수립 단계에서는 직원의 연령, 산업, 직무, 그리고 기업규모 등의 인구통계학적 요인에 따른 차이에서부터 현재 기업과 직원의 트렌드를 꼼꼼히 고려하여 결과를 해석할 필요가 있다. 이와 같은 차이를 이해하면 인구통계학적 요인에 따라 어떤 동기가 부여되고 업무 몰입에 영향을 미치는지 통찰력은 얻을 수 있다. 예를 들어, 나이가 젊은 직원이 직장에서 자신의 위치를 확립하려 할 때에는 관계중심몰입이 중요할 수 있고, 특정 분야에서는 성과중심몰입이 더 중요한 역할을 할 수 있다. 산업, 직무, 기업규모 등의 구분에 따라 어떤 몰입 유형이 더 큰 영향을 미치는지 파악하고 자신의 기업과의 상황을 접목하여야 한다.

직원의 관계중심몰입과 성과중심몰입은 조직 내 직원의 역량 개발과 조직성과 향상에 큰 영향을 미친다. 조직은 직원몰입 유형과 관련된 요인을 고려하여 조직의 전반적인 성과를 높이기 위한 전략을 개발하고, 직원의 복지와 만족도를 높이기 위한 노력을 기울여야 한다.

대한민국 인게이지먼트 트렌드에서는 국내 기업 직원의 몰입을 제고하거나 저하시킬 수 있는 요인을 조직정책 및 문화영역, 직무특성 및 수행방식영역, 리더십 및 관리적 수행영역, 개인성향 및 역량영역 등 총 네 개의 대영역으로 구분하였으며, 총 16개의 선행요인과 직원몰입 유형 간의 관계성을 확인하였고, 이를 바탕으로 조직차원에서 몰입 전략을 개선하는 데 도움이 되는 정보를 제공하고자 하였다. 조사 결과를 바탕으로 다음과 같은 결론을 얻을 수 있었다.

첫째, 직원몰입과 관련하여 중요한 요인 중 하나는 조직 정책과 문화이다. 직원이 자신의 의견이나 생각을 자유롭게 표현할 수 있는 조직문화를 조성하고, 상호 의사소통을 촉진하는 것은 관계중심몰입을 증진시키는 데 유리하게 작용된다. 또한, 직원의 역할이나 책임에 대한 명확한 이해와 자율성을 제공하는 등 업무 특성에 관한 조직적 요소는 성과중심몰입을 촉진하는 데 중요한 역할을 한다. 조직정책 및 문화영역에서는 소통과 인정을 강조하는 긍정적인 조직문화가 관계중심몰입을 증가시키는 것으로 확인되었다. 이를 위해 기업은 커뮤니케이션과 인식정책 개선에 노력을 기울여야 한다. 직무특성 및 수행방식 영역에서는 업무 다양성과 자율성이 성과중심몰입을 증가시키는 것으로 확인되었다. 이를 위해서는 직원에게 다양한 업무를 부여하고 업무수행방식에 대한 자율성을 제공하는 등의 노력이 필요하다. 리더십 및 관리적 수행영역에서는 효과적인 리더십과 관리 성과가 두 유형의 몰입을 모두 증가시키는 것으로 확인되었다. 이를 위해서는 리더십 교육을 통한 리더십과 관리 성과 향상에 집중해야 한다. 개인성향 및 역량영역에서는 직원의 성향과 역량이 두 유형의 몰입에 영향을 미치는 것으로 확인되었다. 이를 위해 조직은 직원 개개인의 성향과 역량에 맞게 개인화된 개발 프로그램을 제공하고, 자기 주도적 학습을 촉진할 수 있도록 하는 노력을 할 필요가 있다.

둘째, 직원의 몰입을 촉진하기 위해서는 다양한 선행 예측요인이 존재하는데, 조직자원, 직무자원, 리더십자원, 개인자원의 다양한 자원들이 직원몰입을 촉진한다. 예를 들어, 조직에서 상호 의사소통을 촉진하고 인정을 제공하는 긍정적인 문화는 관계중심몰입을 촉진시키고, 자율성과 업무 다양성이 높은 조직문화는 성과중심몰입을 촉진시키는 등 조직이 보유하고 있는 자원의 특성에 따라 직원몰입은 다르게 해석되어야 한다. 이러한 예측요인들과 직원의 몰입 유형 간의 관계를 분석함으로써 기업의 직원몰입 전략을 개선하는 데 필요한 정보를 얻을 수 있었다. 예를 들어서, 조직은 관계중심몰입을 높이기 위해 커뮤니케이션과 인식 정책 개선에 집중하거나, 성과중심몰입을 높이기 위해 업무 다양성과 자율성을 더 많이 제공할 수 있다. 또한, 리더십 교육을 통해 리더십 및 관리 성과를 향상시키거나, 직원 개발 프로그램에 투자하여 개인의 성향과 능력을 향상시킬 수 있다.

셋째, 직원몰입의 성과요인 역시 다양하게 존재한다. HEI인적자원몰입패널은 직무소진, 직무성과, 친사회적행동, 혁신행동, 이직의도 총 5개의 예측요인을 직원몰입의 성과로 바라보고 있다. 예를 들어, 직무소진은 직원이 지치고 업무에 지속해서 압박을 받아 업무에서 멀어진다고 느낄 때 발생하는 부정적인 결과로 볼 수 있다. 몰입 유형과 소진 간의 관계를 이해하면 조직은 직원의 이직의도에 대한 예방 조치를 취함으로써 직원을 보유하는 데 도움이 될 수 있다. 이를 위해 조직은 직원의 이직 의도를 감지하고 이에 대해 조처할 수 있는 조직 내 정책 및 프로그램을 마련할 필요가 있다. 예를 들어, 개인별 적응 프로그램, 리더십 및 관리 교육, 직원의 자기계발 지원 등이 그러한 예방 조치로 볼 수 있다. 기업은 성장을 위해 더욱더 직원의 관계중심몰입과 성과중심몰입에 주목하여 적극적으로 노력해야 한다. 이를 위해서는 직원의 요구와 우선순위를 파악하고, 그에 따른 제반 조처를 해야 한다. 기업에서는 관계중심몰입에서 낮은 수준을 보이거나 관계중심몰입에 중점을 두는 직원에게 상호작용과 소통을 촉진하는 프로그램을 제공하고, 낮은 수준의 성과중심몰입을 보이거나 성과중심몰입에 중점을 두는 직원에게는 명확한 목표와 피드백 체계를 구축하는 등의 대응책을 마련하여 직원몰입을 강화하고 성장을 도모해야 한다. 관계중심몰입을 강화하기 위해서는 업무환경에서의 상호작용을 증진시키고, 동료와의 협력을 통한 문제해결 능력을 개발하는 프로그램을 도입할 수 있다. 이러한 적절한 조치는 직원 사이의 신뢰와 존중을 높이고, 직무만족도를 증가시킬 것이다. 성과중심몰입을 개선하기 위해서는 직원에게 명확한 목표를 설정하고, 그 목표를 달성하기 위한 자원과 지원을 제공해야 한다. 또한, 성과에 대한 정기적인 피드백과 인정을 통해 직원의 동기를 유지하고, 개인의 역량 개발을 위한 교육 및 훈련 기회를 제공해야 한다. 이러한 접근 방식을 통해 기업은 직원의 다양한 요구와 우선순위를 충족시키며, 그들의 관계중심몰입과 성과중심몰입을 동시에 높일 수 있다. 이는 결국 기업의 전반적인 성과 향상과 지속 가능한 성장에 기여할 것이다.

결론적으로, 기업은 직원의 관계중심몰입과 성과중심몰입에 대한 투자를 강화해야 한다. 기업은 직원의 다양한 요구와 우선순위를 충족시키는 전략을 수립하고, 실행함으로써 직원의 몰입과 만족도를 높일 수 있다. 또한, 조직 내에서의 리더십과 관리 방식, 개인 역량 개발을 지원하는 프로그램 등을 통해 직원몰입을 촉진해야 한다. 이러한 노력을 통해 기업은 전반적인 조직성과를 높이며, 지속적인 성장과 안정적인 성공을 이룰 수 있을 것이다. 직원의 몰입을 증진시키는 것은 단순히 직원의 만족도 향상뿐만 아니라, 기업의 경쟁력 강화와 지속 가능한 발전을 위한 핵심 요소임을 인식하고 적극적으로 대응하는 것이 중요하다. '몰입하는 직원, 몰입을 지원하는 기업'을 모토로 혁신과 변화를 주도하고 지속적인 성장을 거두는 기업으로 나아감에 있어, 2025 대한민국 인게이지먼트 트렌드가 길라잡이의 역할을 할 수 있기를 바란다.

2025 대한민국 인게이지먼트 트렌드

초판발행 2025년 5월 26일

지은이 송해덕 · 홍아정 · 김연경 · 조윤성 · 박진서 · 황수정
펴낸이 노 현

편 집 김다혜
기획/마케팅 허승훈
표지디자인 이수빈
제 작 고철민 · 김원표

펴낸곳 ㈜ 피와이메이트
서울특별시 금천구 가산디지털2로 53, 210호(가산동, 한라시그마밸리 210호)
등록 2014. 2. 12. 제2018-000080호
전 화 02)733-6771
f a x 02)736-4818
e-mail pys@pybook.co.kr
homepage www.pybook.co.kr
ISBN 979-11-6519-416-1 93320

정 가 18,000원

박영스토리는 박영사와 함께하는 브랜드입니다.